오늘날 기독교회에서 지키는
절기의 유래와 의미를 음미해본다.

# 쉽게 설명한 교회 절기

최진호 지음

**기독교문서선교회**

**기독교문서선교회**(Christian Literature Crusade: 약칭 CLC)는
1941년 영국 콜체스터에서 켄 아담스에 의해 시작되었으며
국제 본부는 영국의 쉐필드에 있습니다.
**국제 CLC는** 59개 나라에서 180개의 본부를 두고, 약 650여 명의
선교사들이 이동도서차량 40대를 이용하여 문서 보급에 힘쓰고 있으며
이메일 주문을 통해 130여 국으로 책을 공급하고 있습니다.
**한국 CLC는** 청교도적 복음주의 신학과 신앙서적을 출판하는
문서선교기관으로서, 한 영혼이라도 구원되길 소망하면서
주님이 오시는 그날까지 최선을 다할 것입니다.

# Important Days to Celebrate in the Christian Church

*by*
Jin-Ho Choi

Korean Edition
Copyright © 2010 by Christian Literature Crusade
Seoul, Korea

# 머리말

 교회에는 여러 절기가 있다. 그중 어떤 것은 성경에 확실한 근거를 가지고 있는 것도 있고 그렇지 않은 것도 있다. 어떤 것은 과거에는 매우 중요한 것으로 지켰으나 근래에는 별로 지키지 않는 것도 있다. 어떤 것은 전 세계의 기독교인들이 공통적으로 지키는 것도 있고 그렇지 않은 것도 있다. 어떤 것은 모든 교인들이 그 의미를 잘 알고 지키는 것도 있지만 어떤 것은 많은 교인들이 그 의미를 잘 모르는 것도 있다.

 캐나다 밴쿠버에서 평신도 목회를 하면서 어떤 절기가 되면 공식적인 행사를 하든지 하지 않든지 그 절기의 유래와 의미를 조사해서 교우들에게 알려주곤 했는데 이것을 소책자로 정리해 놓으면 여러 사람들이 이용할 수 있겠다는 생각이 들어서 완전하지는 않더라도 내가 아는 것들을 중심으로 정리해 보았다.

여기에서 언급되는 절기들을 반드시 공식적으로 지켜야 한다고 주장하는 것은 아니다. 그러나 어떤 절기는 요즘 한국교회에서는 별로 중요하다고 생각하지 않아서 지키지 않는 것들이지만, 일 년 중 해당 시기가 되면 그 의미를 한번 새겨 보는 것은 어떨까 싶다. 그를 통해서 하나님이 우리를 위해서 베푸신 사랑을 음미해 보고 그 오묘하신 섭리를 깨달을 수 있다면 우리의 신앙생활에 큰 도움이 될 것으로 생각한다.

# 목 차

| | |
|---|---|
| 머리말 | 5 |
| 1. 송구영신예배 | 9 |
| 2. 사순절(The Lent) | 15 |
| 3. 테니브리 예배(Tenebrae Service)와 성 금요일(Good Friday) | 23 |
| 4. 부활절 | 29 |
| 5. 성령강림주일 | 39 |
| 6. 맥추절과 맥추감사주일 | 47 |

7. 종교개혁주일                                  51

8. 추수감사절                                     65

9. 할로윈(Halloween)이란?               75

10. 강림절(Advent)                         79

11. 크리스마스                                   81

12. 주현절(Epiphany)                      93

13. 정리하면서                                   97


부록 : 구약성경의 유대 절기들            103

# 1. 송구영신예배

대부분의 한국교회에서 매년 12월 31일 밤에 행해지는 송구영신예배는 성경에 의거한 것이라고는 할 수 없고 요즘 서양교회에서는 별로 행해지지 않는 것 같다. 그러나 한 해를 마무리하고 새로운 해를 맞이하면서 지난 해에 무사히 지켜주신 하나님의 은혜에 감사하고 새로운 한 해도 경건한 삶을 살기를 다짐하는 것은 한국교회의 매우 좋은 관행이라고 생각된다.

한국교회에서 송구영신예배를 드리기 시작한 것은 선교사들이 이 땅에 찾아와서 복음의 씨앗을 뿌린 지 2년 후인, 1887년이라고 한다. 그해 12월 31일, 언더우드 선교사와 아펜젤러 선교사가 사역하던 서울의 정동교회(새문안교회)와 베델교회(정동감리교회)가 연합하여 송구영신예배를 드린 것이 시초가 되었다.

성경에서의 신년절기와 관련되는 것을 찾아본다면 구약에 나팔절에 관한 기록이 있다(민 29:1-6). 나팔절은 유대력으로 신년이 시작되는 일곱째 달 초하루에 지켰는데 이날은 아침부터 해질 때까지 성회로 모여 노동을 하지 않고(안식하면서) 나팔을 불어 신년축제의 기쁨을 알리고 하나님께 번제를 드렸다.

포로귀환 후 이스라엘 백성들은 이 절기에 함께 모여 하나님의 말씀을 듣고 회개하며 새롭게 말씀으로 결단하여 성회로 모이는 모습을 찾아 볼 수도 있다(느 8:1-18). 과거의 잘못을 회개하면서 주시는 말씀을 받고 하나님을 섬기기로 작정하는 삶의 방향을 새롭게 다짐하는 날이었다. 지금도 유대인들은 이날을 신년절기로 지키고 있다고 한다.

근대에 들어서는 1742년경 영국 감리교회에서 초대교회의 관습을 따라 12월 31일에 자발적으로 모여 예배의 모임을 가졌다. 브리스톨 근교의 킹우드에서 열심 있는 감리교도들이 함께 모여 기도와 찬양과 감사를 드리면서 그 밤의 대부분을 보냈다. 비공식적으로 모이던 모임을 존 웨슬리가 공식화하여 '언약예배'(Covenant Worship), 혹은 '언약 갱신 예배'(Covenant Renewal Worship)라고 불렀다. 이것은 나중에 '밤을 깨우는 예배'(Watch Night Worship)로 부르기도 했는데, 한 해를 돌아보면서 하나님께 용서를 구하고 새해를 위하여 하나님 앞에서 언약을 세우는 순서가 포함되어 있었다. 나중에 이것이 영국 전역으로 퍼져갔고 유럽 교회에서도 드려지게 되었다.[1]

우리가 이 땅에서 얼마나 살든지 하나님께서 주신 연수대로 살다가 가는 것이 이치인데 우리에게 주어진 시간들이 그냥 밋밋하게 계속 흘러만 가는 것이 아니고 24시간을 주기로 밤과 낮이 반복되는가 하면 365일을 주기로 계절이 바뀌는 등 일정한 주기가 반복되고 있다. 이렇게 시간이 일정한 주기로 반복되면서 매듭이 있다는 것은 하루하루를 살면서 전날의 삶을 반성하고 새로운 하루를 살 때 새로운 각오로 살라는 하나님의 뜻이 담

---

[1] 「기독공보」(2008년 1월 8일) 참조.

겨있다고 생각된다. 마찬가지로 365일을 주기로 해가 바뀌는 것도 지난 한 해를 반성하고 새로운 해를 시작할 때 보다 나은 삶을 살기 위한 다짐을 하라는 뜻일 것이다.

실제로 우리는 매년 해가 바뀌는 시기가 되면 지난 한 해를 돌이켜보며 잘한 일과 잘못한 일을 반성하고 새로운 계획을 세우곤 한다. 우리에게 이렇게 삶을 되돌아 볼 수 있는 기회를 주신 것은 하나님께서 우리에게 주신 큰 복의 하나라는 생각이 든다.

우리가 과거를 돌이켜 보면 죄 짓고 잘못한 일이 많이 생각난다. 그렇다고 우리가 과거의 잘못에 대한 회한에만 젖어서 좌절하는 것은 하나님의 뜻이 아니다. 따라서 하나님은 한편으로는 과거의 일을 잊지 말고 기억하라고 하시지만 다른 한편으로는 "이전 일을 기억하지 말며 옛적 일을 생각하지 말라"(사 43:18)고 하신다. 과거는 우리의 잘못을 반성하고 하나님의 사랑과 은혜를 기억하기 위해 잊지 말아야 하지만 그렇다고 해서 과거에 집착하지는 말라는 말씀이다. 우리 그리스도인에게는 과거가 중요한 것이 아니고 현재와 미래가 중요한 것이다. 과거는 그것으로부터 우리가 교훈을 얻고 지혜를 얻기 위해서 기억할 필요가 있는 것이지 거기에 매여서는 안 된다. 우리는 보다 나은 미래를 위한 꿈을 꾸어야 하는 것이다.

따라서 우리가 매년 드리는 송구영신예배는 하나님의 백성으로 세움 받은 것에 감사하면서 한해를 돌아보며 회개의 시간으로, 그리고 주시는 새해에 하나님의 기쁨이 되는 언약백성으로 살아갈 것을 결단하며 희망을 새롭게 하는 예배가 되어야 할 것이다.

*Important Days to Celebrate in the Christian Church*

## 2. 사순절(The Lent, 四旬節)

　사순절을 뜻하는 영어 렌트(Lent)는 고대 앵글로 색슨어 Lang에서 유래된 말로, 독일어의 Lenz와 함께 '봄'이란 뜻을 갖는다. 그러나 우리나라에서는 '40일간의 기념일'이라는 뜻의 희랍어인 '테살코스테'를 따라 사순절로 번역한다. 이는 종려주일(부활주일의 전주일)을 기점으로 역산하여 40일간을 주님의 고난과 부활을 기념하여 묵상하며 경건히 보내고자 하는 절기이다. 한편 '40'이란 수는 예수께서 40일 동안 광야에서 금식하시며 시험 받으심, 40일간 시내산에서의 모세의 금식, 이스라엘의 40년간의 광야 생활, 예수님의 부활에서 승천까지의 40일 등과 같이 성

경에 여러 번 고난과 갱신의 상징적 기간으로 등장한다.

이에 고난 주간을 포함하여 그리스도께서 우리 죄인의 구속을 위해 수난을 당하신 사건에 담긴 구속사적 의의를 살펴보며 자신의 신앙을 재각성하고자 비교적 긴 40일간의 절제 기간을 갖는 것이 바로 사순절이다.[2]

오늘날에 이르러서 사순절은 금식보다는 구제와 경건 훈련을 더욱 강조하는 경향이 있다. 자선을 베풀고, 경건한 삶을 지향하는 긍정적이고 적극적인 측면으로 그 의미가 변천되어 가고 있다. 그것은 예수 그리스도의 고난에 동참한다는 개념에 대한 새로운 이해를 우리에게 요구하고 있다.

예수 그리스도의 고난은 다른 측면에서 볼 때 우리를 향한 절대적인 사랑의 표현이었다. 사순절에 우리는 다시금 그 무한한 사랑을 실감하고, 그분의 무한하신 사랑이 어떻게 나타났고, 그것을 우리의 삶을 통해 어떻게 나타낼 수 있을 것인가를 찾는 일에 사순절 교회교육의 중심을 맞추어야 할 것이다. 우리는 이 기간 동

---

2) 달라스교회협의회 홈페이지 참조(www.dkchurch.org).

안 사순절이라는 형식에 매달리기보다는 주님의 고난을 기억하며 경건을 생활화하는 것이 필요하다. 그렇다고 다른 기간에는 경건치 말라는 뜻이 아니라 바쁜 생활에서 잊기 쉬운 경건의 모습을 이 기간 동안만이라도 염두에 두고 생활하면 사순절의 참 의미가 살아날 것이다.

### 1) 사순절이 시작되는 '재의 수요일'(Ash Wednesday)

종려주일을 기점으로 40일을 역산해 보면 사순절이 시작되는 날은 수요일이다. 이 날을 '재의 수요일'(Ash Wednesday)이라 하는데 이 날 저녁에는 교회에 모여서 찬양과 자신의 죄를 회개하는 예배모임을 가지며 종려나무를 태운 재 혹은 숯으로 이마에 십자가를 그리는 풍습이 있다. 이는 옛날에는 참회하는 사람의 머리에 재를 뿌린 습관에서 유래되었는데 이것이 좀 더 쉬운 방법인 이마에 십자가를 그리는 것으로 바뀌었다.

이때 사용되는 재는 지난 해 종려주일에 사용했던 종려나무를 태워 만든 것으로 사람들은 그리스도를 대속의 죽음으로 이끌었던 인간의 죄에 대한 참회의 표시로 이마에 십자가를 그렸다. 이는 또한 아름다운 풀과 꽃이 잠깐 후면 마르고 시들듯 세상의 모든 부귀와 영화도 잠시 잠깐 후면 사라지고, 한 줌의 흙에서 왔던 우리도 또 다시 흙으로 돌아가게 된다는 엄숙한 인생의 교훈을 담고 있다. 또한 언젠가는 하나님 앞에 서게 될 우리의 삶의 자세를 정비한다는 점에서도 그 의미를 가지고 있다.

종려나무가 흔하지 않은 곳에서는 예배 도중 각자 자기의 죄를 종이쪽지에 적은 후 이를 다 모아서 태운 재로 이마에 십자가를 그리기도 한다.

### 2) '재의 수요일'의 예배 순서 모범

- ♦ 예배 장소 준비: 조명을 평소보다 많이 낮추어서 약간 어둡게 한다.
- ♦ 예수께서 우리를 위해 하신 일을 생각하며 관련 성경구절을

읽고 조용한 찬양 두세 곡을 몇 차례 반복해서 부른다.

♦ 회개의 기도

♦ 각자 자기의 생각나는 죄를 미리 준비한 종이쪽지에 적어서 단 위에 비치한 십자가에 핀으로 꽂는다. 이때 나무로 적당한 크기의 십자가를 미리 만들어서 준비해 두어야 한다.

♦ 모든 사람이 다 적어 낸 것으로 보이면 진행자는 그 쪽지들을 수거하여 큰 쟁반 위에 놓고 태운다.

♦ 종이를 태워서 만든 재에 기름을 약간 붓고 섞은 후 한 사람씩 단앞으로 나오게 하고 진행자는 사람들의 이마에 재와 기름의 혼합물로 십자가를 그려준다.

♦ 진행자는 우리의 죄가 모두 용서받았음을 선포한다.

♦ 관련 성경구절을 읽고 찬양을 한두 곡 더 부른다.

♦ 마지막으로 우리의 죄를 용서하신 하나님의 자비에 감사하며 그리스도의 위대한 사역을 찬미하는 기도를 드리고 조용히 헤어진다.

♦ 이런 예배에는 설교가 없어도 무난하다.

## 3) 사순절 기간에 각 주간별로 묵상할 성경구절

사순절 절기 안에는 6번의 주일이 있다. 각 주간별로 예수님의 하신 일을 생각하며 관련된 성경구절을 묵상하면서 경건하게 보내려고 노력한다. 해당되는 주간에 특별히 적절한 성경구절을 추천한다면 다음과 같다.

- ♦ 첫째 주간: 예수님은 하나님의 보내심을 받은 아들로서 공생애를 시작하시기 전, 광야에서 40일간 금식하신 후 사단에게 시험받으셨음을 생각하며 지내는 주간이다(마 4:1-10).

- ♦ 둘째 주간: 사단의 시험을 이기시고 인류의 구원을 이루신 예수 그리스도를 생각하며 예배를 드리고 지내는 주간이다(마 4:11).

- ♦ 셋째 주간: 빛과 어두움의 대립 즉, 빛의 아들로 오신 예수 그리스도와 어두움의 세력인 사단과의 대립을 중심으로 한 말씀(요 1:1-18)을 생각하며 한 주간을 경건하게 보낸다.

- ♦ 넷째 주간: 사순절의 넷째 주일은 사순절의 중간에 있기 때

문에 '사순절 중절' 또는 '휴양주일'(休養週日)이라고도 불린다. 이 주간에는 예수께서 떡 다섯 덩이와 물고기 두 마리로 5,000명을 먹이신 일(마 14:13-21)을 생각하며 한 주간을 경건하게 보낸다.

◆ 다섯째 주간: 사순절 다섯 번째 주일은 고난주일이라고도 불린다. 이는 주님이 자신에게 임할 고난을 제자들에게 예언하셨던 것에서 유래한다. 가룟 유다에게 배신당하고 고난 받으신 주님에 대해 묵상하며(마 20:18-19) 한 주간을 지낸다.

◆ 여섯째 주간: 부활주일의 바로 전 주일인 여섯째 주일은 예수께서 예루살렘에 입성하실 때 사람들이 종려나무 가지를 흔들며 환영했던 일을 기념해서 종려주일(Palm Sunday)라고도 하며 예수님이 예루살렘에 입성한 것을 기념하는 날이다(요 12: 13). 이날부터 한 주간을 고난주간이라고 한다. 마태복음 21:1-11의 말씀을 묵상하면서 예수님께서 받으신 고난을 생각하며 경건하게 보낸다.

# Important Days to Celebrate in the Christian Church

# 3. 테니브리 예배(Tenebrae Service)와 성 금요일(Good Friday)

테니브리(Tenebrae)는 라틴어로 어두움 또는 그늘(shadows)을 의미한다. 테니브리 예배는 원래 예수님이 십자가에서 죽으신 것을 기념하는 부활주일 전의 성 금요일(서양에서는 이를 'Good Friday'라고 한다) 저녁에 드려졌으나 지금은 그 전날인 목요일('Maundy Thursday'라고도 한다) 저녁에 드리기도 한다. 몬디(Maundy)란 세족식(洗足式)을 말하는데 예수님이 제자들의 발을 씻기신 일을 기념하기 위해서 교회에서 교인들 간에 발을 씻기는 행사이다. 테니브리 예배의 목적은 예수께서 당하신 고난을 묵상하며 의미를 되새기는 것이다. 따라서 우리가 주일에 감사와 기쁨으로 드리는 예배와는 다른 분위기로 드리는 예배인 것이다.

예수님이 십자가에서 죽으신 날은 금요일(안식일 전날)이었다. 우리는 이 주간을 고난주간, 특히 이날을 고난일이라고 하여 가장 슬픈 날로 생각한다. 그러나 서양에서는 이날을 좋은 금요일이라는 뜻인 'Good Friday'라고 한다는 점을 음미해 볼 필요가 있다. 예수께서 온갖 모욕과 모진 고문을 당하시고 끝내 십자가 위에서 숨을 거두신 일은 슬픈 일임에 틀림없다. 그러나 슬픔에만 젖어 있기보다는 이로써 예수께서 우리의 죄를 담당하시는 대제사장의 직분이 완성되었다는 점에서 우리에게는 구속사적 의미가 큰 것이다. 그러한 의미에서 서양 사람들은 이날을 'Good Friday'라고 하는 것으로 생각된다.

이 예배에서는 보통 시편이나 예레미아 애가를 낭독하며 엄숙한 찬양과 설교를 포함하기도 하지만 설교는 생략할 수도 있다. 이 예배의 핵심은 촛불행사에 있다. 촛불을 켜 놓은 상태에서 예배가 시작되는데 진행 도중에 촛불을 하나씩 끈다. 마지막으로 남은 하나의 촛불을 '예수님의 촛불'(Christ candle)이라고 한다. 그러면 시편 22:1인 "내 하나님이여 내 하나님이여 어찌 나를 버리셨나이까 어찌 나를 멀리 하여 돕지 아니하시오며 내 신음 소리를 듣지 아니하시나이까"를 읽고 마지막 촛불마저 끈다. 시편 22:1의 앞부분은 예수께서 십자가에서 숨을 거두시기 직전에 외치신 말씀이다. 완전히 어두워진 가운데 예배를 마치고 사람들은 조용히 나간다.

이 예배의 목적은 예수께서 겪으신 배신과 고뇌를 우리가 함께 느껴보는 것이다. 그리고 예배가 끝나도 끝나지 않은 것 같은 분위기가 남게 된다. 부활절까지는 미완성으로 남아 있게 되는 것이다. 왜냐하면 예수님이 죽은 자 가운데서 다시 살아나심으로써 구원사역이 완성되는 것이기 때문이다.

## 1) 예수님의 생애 마지막 한 주간

예수님의 생애 마지막 한 주간의 행적을 요약하면 다음과 같다.

♦ 종려주일: 예수님이 나귀를 타시고 예루살렘에 입성하심(마 21:1-11). 이때 많은 사람들이 따르며 그 겉옷을 길에 펴며 다른 이는 나무 가지를 베어 길에 펴고 앞에서 가고 뒤에서 가며 소리 질러 가로되 "호산나 다윗의 자손이여 찬송하리로다 주의 이름으로 오시는 이여 가장 높은 곳에서 호산나" 하였다.

♦ 월요일: 열매 없는 무화과 나무를 저주하심(마 21:18-19). 성전을 청결케 하심(마 21:12-13). 예수께서 성전에 들어 가사 성전 안에서 매매하는 모든 자를 내어 쫓으시며 돈 바꾸는 자들의 상과 비둘기 파는 자들의 의자를 둘러 엎으시고 저희에게 이르시되 "기록된바 내 집은 기도하는 집이라 일컬음을 받으리라 하였거늘 너희는 강도의 굴혈을 만드는도다" 하셨다.

- 화요일: 성전에서 제사장들과 바리새인들의 도전에 대답하심 (막 11:27-33).

- 수요일: 예수께서 밤마다 베다니에 나가셨으니 이날은 거기서 기도했을 것으로 추정된다. 성경에는 수요일에 대한 기록이 없다.

- 목요일: 최후의 성만찬(마 26:31-35). 예수님은 제자들에게 "오늘 밤에 너희가 다 나를 버리리라"고 예언하신다. 이에 베드로가 "다 주를 버릴지라도 나는 언제든지 버리지 않겠나이다"라고 호언한다. 그러나 주님은 "오늘밤 닭 울기 전에 네가 세 번 나를 부인하리라"고 예언하셨다.

- 금요일: 십자가의 고난(마 27:32-56). 밤새도록 취조당하시고 온갖 모욕과 채찍질을 당하신 후 십자가에 못 박히신다. 예수님이 숨을 거두시자 성소의 휘장이 위로부터 아래까지 찢어져 둘이 되고 땅이 진동하며 바위가 터지고 무덤들이 열리며 자던 성도의 몸이 많이 일어나는 사건이 발생하였다.

- 토요일: 파숫군이 무덤을 굳게 지킴(마 27:62-66). 대제사장들

과 바리새인들이 함께 모여서 빌라도에게 그의 제자들이 시체를 훔쳐가서 다시 살아났다고 하지 못하도록 무덤을 사흘 동안 굳게 지키라고 건의한다. 빌라도의 허락을 받아 그들은 파수꾼과 함께 가서 돌을 인봉하고 무덤을 굳게 하였다.

♦ 부활주일: 예수께서 부활하심(마 28:1-10). 안식 후 첫날이 되려는 미명에 여인들이 무덤을 보려고 왔더니 큰 지진이 나며 주의 천사가 하늘로서 내려와 돌을 굴려 내고 그 위에 앉았는데 천사가 여자들에게 "너희는 무서워 말라 십자가에 못 박히신 예수를 너희가 찾는 줄을 내가 아노라. 그가 여기 계시지 않고 그의 말씀하시던 대로 살아나셨느니라"고 하였다. 여자들이 무서움과 큰 기쁨으로 빨리 제자들에게 알리려고 뛰어갈 때 예수께서 그들에게 보이시며 "평안하뇨" 하시거늘 여자들이 나아가 그 발을 붙잡고 경배하니 예수께서 "무서워 말라 가서 내 형제들에게 갈릴리로 가라 하라 거기서 나를 보리라"고 하셨다.

# 4. 부활절

　우리 주님께서 우리의 죄를 대신 지고 십자가에서 죽으심으로 단번에 완전한 제사장의 직분을 수행하시고 사흘 만에 다시 살아나신 것을 기념하는 절기이다. 이것은 단순히 예수라고 하는 분이 죽었다가 살아나신 사건일 뿐 아니라 그를 믿는 우리도 그분과 함께 죽었다가 부활하는 것이다. "그런즉 누구든지 그리스도 안에 있으면 새로운 피조물이라 이전 것은 지나갔으니 보라 새 것이 되었도다"(고후 5:17).

　예수님의 부활은 중대 사건임에 틀림없다. 그러나 그것이 실제로 일어났는가? 박정희 전 대통령이 시해당했다는 것은 하나의 역사적인 사실로 모두가 믿는다. 그렇다면 예수님의 부활도 그것처럼 구체적으로 믿어지는가?

오늘날 신학자들 사이에도 예수님의 부활이 사실인가 여부에 대한 많은 논란이 있다고 한다. 그래서 부활을 믿는 쪽에서는 이를 믿어야 하는 증거를 장황하게 늘어놓기도 한다. 그러나 우리가 진정으로 전지전능하신 하나님을 믿는다면 그러한 하나님에게는 불가능한 것이 없고 그 하나님께서 성경에 그렇게 기록하셨으면 그대로 믿어야지 무슨 다른 증거가 필요하겠는가. 하나님을 믿지 못하고 성경의 사실을 인간의 논리로 증명한다는 것 자체가 어리석다는 생각이 든다.

그렇다면 성경에 나타난 부활의 의미는 무엇인가? 우리 기독교인들에게 부활은 단순한 역사적 사실 이상의 의미를 가진다.

우선 죽음이란 무엇인가를 생각해 볼 필요가 있다. 모든 사람에게 죽음이란 궁극적으로 하나의 통과의례이다. 죽음 이후에 일어나는 일에 대해서는 종교에 따라서 그리고 사람에 따라서 견해가 다를 수 있지만 죽음이란 사람이 지금과는 전혀 다른 어떤 상태로 변화되는 것이다. 그런데 그 변화란 되돌릴 수 없는 변화이다. 어떤 경우이든 죽음이란 새로운 상태로 가는 돌이킬 수 없는 그리고 피할 수 없는 출구이자 입구인 것이다.

그러나 초기 교회의 제자들은 "죽음을 이겼다"고 하였다. 바울은 고린도전서 15:26에서 "맨 나중에 멸망 받을 원수는 사망이니라"라고 하였으며 고린도전서 15:54-55에서는 "이 썩을 것이 썩지 아니함을 입고 이 죽을 것이 죽지 아니함을 입을 때에는 사망이 이김의 삼킨 바 되리라고 기록된 말씀이 응하리라 사망아 너의 이기는 것이 어디 있느냐 사망아 너의 쏘는 것이 어디 있느냐"고 하였다.

죽음을 이긴다는 것은 죽음으로 발생한 변화를 죽음 이전의 상태로 되돌리는 것이다. 육신의 생명을 회복하는 것을 의미한다. 부활은 죽었던 몸에 생명이 돌아오는 것이기 때문에 죽음을 이기는 것이다. 그런데 성경에 의하면 부활한 몸은 죽기 전의 몸과 똑같지 않다는 것을 알 수 있다. "보라 내가 너희에게 비밀을 말하노니 우리가 다 잠잘 것이 아니요 마지막 나팔에 순식간에 홀연히 다 변화하리니 나팔 소리가 나매 죽은 자들이 썩지 아니할 것으로 다시 살고 우리도 변화하리라"(고전 15:51-52)에서 보듯이 우리 몸은 변화되는 것이다. 즉, 다시는 죽지 않는(썩지 않을) 몸으로 부활하는 것이다. 이것이 바로 하나님의 비밀이며 승리인 것이다.

바울은 구약성경을 인용하면서 "예수께서 장사 지낸 바 되었다가 성경대로 사흘 만에 다시 살아나셨다"(고전 15:4)고 기록하고 있다.

바울은 다른 사도들도 그랬듯이 메시야를 통한 하나님 나라의 주권 회복이 하나님의 선택된 백성으로서의 이스라엘의 정치적인 회복을 의미하는 것이 아니라는 것을 깨달았다. 그것은 최초의 인간인 아담과 하와가 하나님과 직접 얼굴을 마주하고 대화하던 에덴동산의 상태로의 회복인 것이다.

이스라엘 백성들은 하나님의 목적이 택하신 백성인 자기들만의 구원에 국한된다고 믿음으로써 잘못된 길을 갔다. 그러나 하나님의 궁극적인 계획은 모든 인류의 구원이었고 이를 실행하시기 위한 방법상 도구로 이스라엘을 택하신 것이었다. 이스라엘은 하나님 계획에 포함된 일부이지 그들만을 위한 계획은 아니었던 것이다.

하나님의 이러한 계획은 이미 실행에 옮겨졌다. 메시야의 부활을 통해서 하나님의 회복의 작업은 이미 시작된 것이다. 예수님은 죽음을 이기고 부활이 가능하다는 것을 몸소 보여 주셨으며 그가 다시 오실 때에는 믿는 자와 의로운 자들이 부활할 것을 약속하셨다.

바울은 부활에 대한 고찰을 다음과 같은 권유의 말로 마무리하고 있다. "그러므로 내 사랑하는 형제들아 견고하며 흔들리지 말며 항상 주의 일에 더욱 힘쓰는 자들이 되라 이는 너희 수고가 주 안에서 헛되지 않은 줄을 앎이니라"(고전 15:58).

우리가 다시는 썩지 않을 몸으로 생명을 회복할 것임을 확신한다면 두려울 것이 무엇인가? 그날이 되면 나팔 소리와 함께 홀연히 변화하여 썩지 않을 몸으로 부활할 것이다. 하나님의 아들의 부활과 함께 회복의 시간은 이미 시작되었다. 죽음을 이기신 예수님의 부활은 우리의 부활을 예표하는 것이다. 예수님은 십자가와 빈 무덤으로 메시야적 왕국의 새 시대를 시작하셨고 그의 재림 시에 완성될 것이다. 그때에는 우리는 하나님과 함께 걸으며 얼굴을 마주하고 대화할 것이다. 이것이 부활절의 의미이다.

### 1) 부활주일은 왜 유동적인가

부활주일은 빠르게 3월 22일부터 늦게는 4월 25일 사이에 온다. 가장 이른 경우와 가장 늦은 경우의 차이는 한 달 이상이나 된다. 공식적으로 부활절은 '춘분 다음 첫 만월(보름달)이 지난 후 첫 번째 주일'이라고 정의되어 있다.

이렇게 복잡하게 정해진 데에는 그 유례가 있다. 초대교회 때 3세기 동안은 해마다 부활절을 지켜야 할 날짜에 대하여 계속 날카로운 의견의 대립이 있었다. 동방교회(알렉산드리아, 예루살렘, 안디옥, 콘스탄틴 교구를 포함한 로마의 동쪽에 위치한 교회들)에서는 유대인들이 유월절을 계산하는 방법에 따라 부활절을 음력으로 결정하였다. 그러나 서방교회(로마 교구를 중심으로 서쪽에 위치한 교회들)에서는 부활절이 언제나 주일(일요일), 즉 예수님께서 부활하신 요일에 지켜져야 하며 십자가 처형은 언제나 금요일에 기념되어야 한다고 여겼다. 이것은 서방 크리스천들에게는 주중의 요일이 중요하였고 동방교회의 크리스천들에게는 달(月)을 기준으로 한 월력의 날이 중요하였다.

이 문제는 325년 니케아 총회에서 해결되었는데 결국 달과 요일 둘 다 인정해서 부활절은 춘분 다음 첫 만월 후 첫 번째 주일이 되도록 결정하였다. 그런데 이렇게 유동적인 부활절에 대해서 관심을 가지는 것은 교회만이 아니라 부활절에 휴가를 가지는 각 급 학교들도 학사일정을 종교적인 휴일과 맞추기 위해서 어려움을 겪기 때문에 관심이 많다. 뿐만 아니라 부활절이 이르기도 하고 늦기도 하기 때문에 그에 따라 행사 의복이 달라져서 해마다 준비하는 데 불편이 따른다는 등의 이유로 근년에 와서는 부활절이 고정된 주일이 되도록 고정된 교회력을 만들려는 움직임이 일어나고 있다고도 한다.

## 2) 부활절의 영어 이름 'Easter'의 유래

부활절을 영어로는 이스터(Easter)라고 한다. 그러나 이 단어를 아무리 생각해 보아도 '부활'이라는 의미는 찾아 볼 수 없다. 뿐만 아니라 기독교적인 냄새조차도 전혀 나지 않는다. 그런데 서양 사람들은 왜 기독교에서 이토록 중요한 사건인 예수님의 성스러운 부활을 기념하는 날을 이렇게 엉뚱한 이름으로 부르는 것일까?

이스터(Easter)는 원래 그리스도교의 축일이 아니라 본래는 바빌로니아의 하늘 여신 이스터를 기념하는 축일이었다. 알렉산더 히슬롭의 저서 『두 개의 바빌론』에서는 이스터(Easter)라는 단어의 기원이 갈대아에 있음을 나타낸다. 이스터는 하늘의 여왕인 벨티스의 칭호들 중 하나인 '아스타르테'를 뜻한다고 한다. 그리고 그 여신의 이름은 이스타르였다. 이것이 오늘날 이스터라는 말의 기원이다.

기독교는 1세기 이후 정치세력에서 살아남기 위해 조금씩 변질되었는데 로마황제가 제국이 종교적으로 분열되는 것을 막기 위해 그리스도교를 국교로 받아들이게 된 이후로는 그 정도가 더 심각해진다.

로마는 다신교 국가였기 때문에 기독교가 그 세력을 확장하기 위해서는 그리스도인으로서 마땅히 알아야 할 교리나 그 행동강령과는 무관하게 이교도들이 그리스도교로 개종하는 데 부담을 주지 않기 위해서 그러한 이교적인 관습들을 전혀 거리낌 없이 받아들이게 된다. 그중의 하나로 당시 바빌로니아의 하늘 여왕인 이스터 여신의 축일 행사 등을 슬쩍 들여와서는 부활절 행사로 바꿔버린 것이다. 그러므로 부활절의 명칭은 기독교의 종교적 오류라고 할 수 있다.

그럼에도 불구하고 오늘날 서양의 기독교인들은 부활절을 '이스터'라고 부르는 데 아무런 저항도 느끼지 않는 것 같다. 그러나 이름을 어떻게 부르든 중요한 것은 예수님이 우리의 죄를 대신해서 십자가에 죽으심으로 단번에 대제사장의 직분을 수행하셨는데 그것으로 끝나지 않고 삼 일 만에 다시 살아나심으로 이 사실을 믿는 우리의 부활을 예표하셨음을 깨닫고 그 의미를 되새기는 것이다.

# 5. 성령강림주일(Whitsunday)

오순절날이 이미 이르매 저희가 다같이 한 곳에 모였더니 홀연히 하늘로부터 급하고 강한 바람 같은 소리가 있어 저희 앉은 온 집에 가득하며 불의 혀같이 갈라지는 것이 저희에게 보여 각 사람 위에 임하여 있더니 저희가 다 성령의 충만함을 받고 성령이 말하게 하심을 따라 다른 방언으로 말하기를 시작하니라(행 2:1-4).

예수님은 제자들에게 당신은 고난을 받고 죽으실 것을 말씀하시고 당신이 가신 후에는 아버지께서 보혜사 곧 성령을 보내실 것이라고 말씀하셨다(요 14:25-26). 그리고 예수께서 부활하신

지 50일째 되는 날, 즉 부활 후 7번째 되는 주일에 성령께서 오셨다(행 2:1-4). 성령께서 직접 우리에게 오신 것을 기념하는 날이 성령강림 주일이다. 이때 부활 후 7번째 주일이라 할 때에는 부활하신 주일의 다음 주일을 첫 번째 주일로 계산한 것이고 이렇게 계산해서 7번째 주일은 정확하게 49일 후가 된다. 그리고 부활하신 지 50일째 되는 날이란 부활하신 날을 첫째 날로 계산해서 50번째 날이므로 정확하게 49일 후가 되는 것이다.

이날은 유대인의 절기인 오순절(五旬節, Pentecost)이기도 하다. 오순절이란 유월절(Passover)로부터 50일째 되는 날이고 예수님이 유월절 절기 중에 십자가에 죽으셨고 그 다음 날인 안식일을 지난 첫날에 부활하셨으므로 부활하신 지 50일째 되는 날이 바로 오순절이 되는 것이다. 바로 이날에 성령이 강림하셨음을 기록하고 있다.

"오직 성령이 너희에게 임하시면 너희가 권능을 받고 예루살렘과 온 유대와 사마리아와 땅 끝까지 이르러 내 증인이 되리라"(행 1:8)고 하신 예수님의 명령에 따라 기독교가 세계를 향하여 선교를 시작한 것이 바로 이때부터이며 이날을 교회의 시작으로 본다.

성경에 기록된 대로 오순절에 불같은 성령이 무리에게 나타나서 모든 사람들의 마음에 성령이 충만하게 되었고, 이로 인하여 알지도 못하는 외국어로 말하기 시작하였고, 모든 외국 사람들이 언어의 장벽을 깨고 서로 대화할 수 있게 되었다. 인간이 바벨탑을 쌓을 때까지만 해도 모든 사람은 통일된 언어를 사용하였다. 하나의 언어로 말할 수 있었던 통일된 언어가 바벨탑에서 보여준 인간들의 교만한 죄로 인하여 여러 말로 갈라졌는데, 오순절에 처음으로 모든 나라 사람들이 갈릴리 사람인 예수님의 제자들의 입을 통하여 나오는 말을 각기 제 나라 말로 알아들을 수 있었던 언어의 재통일이 이루어졌던 것이다. 이는 예수님이 세상의 죄를 깨끗케 하신 표적으로 해석할 수 있다.[3]

유대교의 오순절은 주로 보리(밀)농사에서 얻은 첫 곡식을 가지고 드리는 감사절(맥추절)이다. 동시에 하나님께서 시내산에서

---

3) 한국컴퓨터선교회 홈페이지 참조(www.kcm.kr).

모세를 통하여 히브리 백성들에게 십계명을 주신 날을 기념하는 의미도 있다. 이에 대하여 신학자들은 "구약에서 하나님이 히브리 민족을 구원하기 위하여 십계명을 주신 것과 마찬가지로 신약에서는 하나님 자신의 새로운 섭리에 의한 은총의 선물로 예수를 따르는 자들에게 성령을 주셨다"라고 말한다.

"요한은 물로 세례를 베풀었으나 너희는 몇 날이 못 되어 성령으로 세례를 받으리라"(행 1:5)고 하신 말씀에 의거하여 이 기간에는 세례식이 거행되었는데 보통 오순절의 첫날인 부활주일과 마지막 날인 성령강림주일에 세례를 많이 베풀곤 하였다. 본래 사순절을 통해서 세례를 준비하고, 부활절에 피치 못할 사정으로 세례를 받지 못한 사람을 위하여 성령강림주일에 부활절과 똑같은 세례식을 5세기부터 실시해 왔으나, 지금은 성령강림주일에 더 많은 사람들이 세례를 받고 있다. 영국에서는 이날 사람들이 모두 흰옷을 입고 세례를 받기 때문에 이날을 "흰옷 입는 날"이라고 하여 White Sunday(또는 Whitsunday)라고 부르기도 한다.

부활하신 예수께서 승천하신 후 첫 오순절에 성령이 강림하셨고 그때에 사도행전 2장에 기록된 사건이 일어났다. 그렇다고 해서 그 이전에는 성령이 없었는데 그 사건과 함께 비로소 성령께서 이 땅에 오셨고 성령이 임하실 때에는 반드시 기적적인 사건을 동반한다고 생각하면 안 된다. 성령은 삼위 하나님의 한 위로 성부 하나님, 성자 하나님과 함께 태초부터 계셨고 천지 창조에도 함께 참여하셨다. 성령께서는 구약시대에도 역사하셨으며 예수님이 세례를 받으시고 물에서 올라오실 때 "성령이 비둘기 같이 내려오셨고"(마 3:16) 예수님은 "성령에게 이끌리어 마귀에게 시험을 받으러 광야로 가셨다"(마 4:1)고 마태는 기록하고 있다.

성령께서는 이미 이 땅에서 역사하고 계셨으나 예수님의 공생애 기간에는 제자들이 예수님과 함께 있으므로 성령의 역사는 제자들의 눈에 띌 만큼 드러나게 하실 필요가 없었을 뿐이다. 예수님이 승천하신 후에는 제자들이 육신을 입으신 예수님을 다시는 볼 수 없을 것이지만 그렇다고 해서 예수님이 그들과 영원히 이별하시는 것이 아니고 성령으로 그들과 함께 하실 것임을 약속하신 것이라고 보아야 할 것이다. 이 점을 제자들에게 분명히 나타내시기 위해서 눈에 띄는 사건을 동반하여 성령께서 임하신 것이라 생각된다.

엄밀히 따지면 '성령께서 오셨다'는 말에도 오류가 있다고 볼 수 있다. 성령은 하나님의 영이시며 우주 공간 어디에나 계시고 안 계신 곳이 없다. '온다' 또는 '간다'는 말은 공간적인 위치 이동을 의미하는데 성령님은 어디에나 계시므로 위치를 이동하실 필요가 없는 분이시다. 성령은 이미 여기에 계신데 우리가 알지 못하고 있다가 그 역사하심이 우리가 인지할 수 있는 범위 안에서 나타날 때 우리는 성령께서 오신 것처럼 느끼는 것일 뿐이다. 해는 항상 제 자리에 있고 지구가 자전하면서 해가 보이기도 하고 안 보이기도 하는데 우리는 해가 '뜬다' 또는 '진다'고 말하는 것과 같다고 볼 수 있을 것이다.

성령께서는 지금도 쉬지 않고 역사하신다. 보이지 않으시므로 우리가 모르는 가운데 일하시는 것이다. 바울은 "하나님의 영으로 말하는 자는 누구든지 예수를 저주할 자라 하지 않고 또 성령으로 아니하고는 누구든지 예수를 주시라 할 수 없느니라"(고

전 12:3)고 하였다. 예수님을 주로 믿는 사람은 누구나 성령께서 역사하셔서서 믿게 된 것이다. 그런데 어떤 사람은 분명한 체험을 통해서 믿게 된 사람도 있고 어떤 사람은 언제부터 예수를 믿었는지도 모르게 믿게 된 사람도 있다. 이와 같이 성령이 역사하셔서 사람을 변화시키는 방법도 사람에 따라서 다르게 하신다는 것을 알 수 있다.

성령께서 역사하셨는데 언제 역사하셨는지도 모르게 조용히 하신 것은 이적과 함께 표시나게 하신 것보다 약하게 역사하신 것이라고 생각한다면 그것도 잘못이다. 하나님은 천지를 창조하시는 일도 말씀으로 하셨다. 하나님에게는 힘든 일과 힘들지 않은 일이 따로 없다. 어떤 일을 하시기 위해서 더 많은 힘을 들여야 하는 경우는 없는 것이다. 그리고 힘을 많이 들였다고 해서 그 효과가 더 크다고 생각하는 것도 하나님이 어떤 분인지를 모르기 때문에 하는 생각이다.

하나님은 어떤 일을 하시든지 힘을 들이지 않고도 얼마든지 하실 수 있고 그 결과는 하나님이 뜻하신 대로 나타나는 것이지 힘을 많이 들여야 효과가 크게 나타나는 것이 아니다. 그럼에도 경우에 따라 역사하시는 방법을 달리하시는 이유는 사람의 마음이나 당시의 여건에 따라서 달리 하실 필요가 있기 때문일 것이다.

사도행전 2장의 기록처럼 성령께서 강림하실 때 이적을 동반한 것은 유대인들의 명절을 맞아 많은 사람들이 모였을 때 하나님의 능력을 보여 주시고 이어진 베드로의 설교를 통해서 그날에 제자의 수가 3,000이나 더하도록(행 2:41) 역사하심으로써 이 땅에서 교회가 탄생하는 첫 날 교회의 기초를 닦기 위한 하나님의 계획이었을 것으로 생각된다.

# 6. 맥추절과 맥추감사주일

 구약시대에는 중요한 절기로 유월절, 맥추절, 수장절의 3대 절기가 있었다. 그중 유월절(Passover)은 하나님이 이스라엘 백성들을 애굽에서 인도해 내신 사건과 관련이 있다. 애굽왕 바로에게 이스라엘 백성들을 놓아 주도록 하기 위해 9가지 재앙을 내렸으나 바로가 강퍅하여 놓아 주지 않으므로 마지막 열 번째 재앙을 내리는데 그것은 애굽 사람들의 모든 집에서 맏아들을 죽이는 재앙이었다. 이 재앙으로 끝내 바로의 마음도 약해져서 이스라엘 백성들을 놓아 주게 된다. 이 사건을 기념하는 절기가 유월절인데 이때 이스라엘 백성들은 재앙을 피하기 위해서 양의 피를 문설주에 바르게 하셨다. 하나님의 사자가 다니다가 애굽 사람들의 집에는 모두 재앙을 주는데 문설주에 양의 피가 발라져 있는 집은 건너 지나가게 하였다는 데에서 주어진 이름이다.

맥추절과 수장절은 농사와 관련된 절기로 맥추절은 수고하여 밭에 뿌린 것의 첫 열매를 거두면서 하나님께 감사하는 절기이고 수장절은 수확한 것을 창고에 저장함에 대한 감사의 절기이다(출 23:16). 이 두 절기는 하나로 묶어서 오늘날의 추수감사절과 그 의미가 비슷하다고 할 수 있다.

그중 맥추절은 여름축제였다. 맥추절은 유월절로부터 50일째 되는 날이고 오순절이라고도 하며, 여름 곡식을 거두어 먹게 된 것을 감사하는 절기이다. 유월절 다음날부터 7일씩, 7주간이 지난 후 있는 절기라 해서 칠칠절이라고도 한다. 구약시대에는 맥추절에 모세가 십계명을 받았으며, 예수님이 부활하신 후의 첫 오순절은 성령께서 강림하시어 교회가 탄생한 날이다. 따라서 신약시대에 와서는 이날을 성령강림절이라고도 한다.

맥추절은 농사지은 밀의 첫 열매를 바치는 절기라고 하여 '초실절'이라고도 하는데 구약시대의 히브리 민족에게 중요한 의미가 있었다. 이스라엘 민족이 광야에서 하나님이 주시는 만나를 받아만 먹다가 요단강을 건너서부터 농사를 짓고 들과 산에서 수확한 첫 곡식을 드린 감사의 제사가 맥추절이었던 것이다. 따라서 이스라엘 백성들에게 맥추절은 광야 생활의 청산이라는 의미도 있다.

하나님은 모세를 통하여 이스라엘 백성들에게 맥추절과 수장절을 지키라고 명령하셨다. "맥추절을 지키라 이는 네가 수고하여 밭에 뿌린 것의 첫 열매를 거둠이니라 수장절을 지키라 이는 네가 수고하여 이룬 것을 연종에 밭에서부터 거두어 저장함이니라"(출 23:16). 이 말씀은 농부들이 들과 밭에서 땀 흘려 수고하여 농사를 짓고 열매를 거둬들이지만 하나님께서 복을 주시지 않으시면 어느 것도 될 수 없다는 것을 상기시키시는 것이다.

따라서 우리는 모든 수확에 대해서 하나님께 감사드려야 하는 것이다. 그러나 오늘날의 교회에서는 성령강림절에 대해서는 자주 언급되며 때로는 그와 관련된 설교를 하기도 하지만 맥추절에 대한 언급은 흔하지 않게 되었다. 대신 가을에 추수감사절을 지키는 것이 중요한 행사로 관례화 되어 있다.

한국교회에서는 그다지 중요한 절기라고는 할 수 없을지 모르나 7월의 첫 주일을 맥추감사주일로 지키기도 한다. 이는 구약의 맥추절을 계승한 의미가 있는데, 그 시기에 있어서 구약의 맥추절인 오순절은 성령강림절로 지키고, 맥추감사주일은 이 시기와는 관계없이 우리나라의 보리 수확과 관련되는 한해의 절반이 끝나고 후반기가 시작되는 7월의 첫 주일로 정해서 지키고 있다.

# 7. 종교개혁주일

    1517년 10월 31일 마틴 루터는 독일의 비텐베르크 성당 정문에 95개 항목으로 자신의 신학적, 신앙적 확신을 써 붙였다. 이것이 도화선이 되어 중세 1,000년 동안 거대한 힘의 상징이었던 로마 교황청에 도전하는 역사적 전환이 이루어 졌다. 이를 기념하기 위해서 오늘날의 교회는 10월의 마지막 주일을 종교개혁주일로 지킨다.

    예수님 이후 초대교회는 엄청난 박해를 받았다. 그러나 로마 황제 콘스탄틴이 기독교를 승인함으로써 기독교는 법적으로 보호를 받게 되고 오히려 기독교가 권력의 중심에 서게 되었다. 그 이후 두 가지 문제가 발생하였다. 첫째는 이교도들이 황제의 비호를 받기 위해 기독교인으로 위장하고 교회 안으로 밀려들어오기 시작한 것이고, 둘째로 황제는 제국 내에서 정치적 안정과 평온을 유지하기 위해서 교회를 이용하였다. 교회는 신앙을 이용해서 황제가 요구하는 정치적인 결과를 만들어내야 하는 압력을 받게 되었다. 즉, 교회가 보호를 받기 시작하면서 순수성을 잃고 타락하기 시작한 것이다.

그러면서 구약시대에 중요시되었으나 신약시대에는 필요 없게 된 형식들이 다시 살아나기 시작하였다. 대표적인 예로 하나님이 거하시는 집으로서의 성전, 사람과 하나님의 관계를 중재하는 제사장 제도와 희생제사 등의 형식이 그것이다.

성전이란 하나님이 거하시는 집을 의미한다. 구약시대의 사람들은 실제로 성전 안에 하나님이 계신다고 믿었다. 그러나 우주를 지으신 하나님은 천지의 주재이신데 사람의 손으로 지은 전에 계시지 아니하신다(행 17:24). 오히려 사도 바울은 "성령께서 우리 안에 계시므로 우리의 몸이 성전이다"(고전 3:16-17)라고 말한다.

그럼에도 타락한 종교 지도자들은 하나님이 실제로 성전에 거하시는 양 마치 경쟁이라도 하듯이 화려한 성전을 짓는 일에 엄청난 비용을 들이곤 하였다. 그들은 하나님의 집이니까 거룩하게 지어야 한다고 했을 것이다. 그러나 그 저변에는 그러한 건물의 위용을 이용해서 성직자 자신들의 권위를 높이는 데 더 관심이 있었을 것이다. 오늘날 우리나라의 대형교회들도 교회 건물에 엄청난 돈을 들여서 화려하게 지으면서 소위 '성전'이라고 부르는 것도 같은 맥락이라 볼 수 있다.

구약시대에, 죄인인 사람들은 하나님 앞에 바로 나아갈 수가 없었다. 사람이 하나님께 나아가기 위해서는 죄의 문제를 해결해야 되는데 하나님은 사람의 죄를 동물에게 전가하여 동물을 대신 희생시킴으로써 일시적으로 죄의 문제를 해결할 수 있도록 배려해 주셨다. 그런데 이러한 희생제사는 반드시 제사장이 중재하도록 하셨기 때문에 구약시대에 제사장의 역할은 매우 중요한 것이었다. 그러나 예수께서 자신을 희생제물로 드림으로써 단번에 모든 사람을 위한 완전한 대제사장이 되셨으므로(히 6:20) 구약시대의 제사장은 더 이상 필요치 않게 되었다. 오히려 그를 믿는 사람은 모두가 제사장이다(계 1:6). 우리가 모두 제사장인 것이다.

동물을 대신 죽이는 구약시대의 희생제사는 완전한 것이 아니고 임시적인 것이었기 때문에 필요할 때마다 되풀이해서 드려야 했다. 뿐만 아니라 제사를 중재하는 제사장 자신도 죄인이므로 먼저 자신의 죄를 위한 희생을 드리고 나서 백성을 위한 제사를 드려야 했다. 그러나 죄가 없으신 예수님은 우리를 위해서 단번에 완전한 제사를 드렸으므로(히 10:12-14) 우리는 하나님 앞에 나아갈 때 더 이상 희생제사가 필요없게 되었다.

신약시대에는 더 이상 필요 없게 된 이러한 구약시대의 형식들이 다시 살아나게 된 것은 이러한 형식의 힘을 빌어서 교회 안에서 성직자들의 권위를 높이고 자신들을 일반 백성들과 차별화하기 위한 것이었다. 핍박받을 때 순수했던 교회가 권력의 중심에 서면서 성직자들의 거짓 경건으로 부패하게 되었다. 당시 로마교회의 타락은 극에 달해서 많은 로마 가톨릭의 성직자들은 성경과 종교를 자기들의 이익을 위한 도구로 삼고 종교권력을 이용하여 무지한 백성들을 유린하면서 그들 스스로는 사치와 타락의 생활을 하고 있었다.

악한 권력자들이 권력을 마음대로 주무르기 위해서는 백성들은 무식할수록 좋다. 이들 지도자들은 일반 백성들이 성경을 읽는 것을 금하였고 라틴어로만 되어 있는 성경을 다른 언어로 번역하지도 못하게 하였다. 중세기에 이미 라틴어는 학문적으로만 사용될 뿐 실제로는 사용되지 않는 언어였기 때문에 귀족, 사제, 학자 등 고등 교육을 받은 계층만 성경을 읽을 수 있었고 일반 민중은 읽을 수가 없었다. 보통사람들은 성경으로부터 철저하게 소외 당했고 당시에는 일반 계층의 사람이 성경을 소지하는 것조차 금지되었다. 그런 가운데 기득권층은 성경을 아전인수격으로 해석해서 많은 폐단을 야기했다.

이런 폐단을 바로잡기 위해 일반인들도 성경을 직접 읽을 수 있도록 해야 한다고 주장하는 양심적인 지식인들이 나타나기 시작했고 1523년 가톨릭 사제였던 영국인 틴들(William Tyndale)은 생명의 위협을 무릅쓰고 성경을 대중 언어인 영어로 번역하는 작업에 착수했다. 틴들은 믿었던 사람으로부터의 배신, 그로 인한 도피생활, 경제적인 어려움 등 숱한 방해와 난관 가운데에도 결국 1535년 10월 4일 성경 완역 작업을 마쳤으나 체포되어 1536년 재판도 없이 화형을 당하였다.

당시 가톨릭의 부패상은 지금도 로마에서 그 위용을 자랑하고 있고 현재 바티칸 궁으로 사용되는 성 베드로 성당을 짓는 과정에서 절정에 달한다. 1513년에 교황의 자리에 오른 레오 10세는 전임 교황 율리오 2세가 남겨놓은 많은 재산을 탕진하였다. 그러나 교황으로서 그는 성 베드로 성당의 건축은 계속하기로 하였다. 그러나 자금이 부족하게 되자 돈을 모으기 위해 온갖 악한 방법을 동원하게 된다. 돈을 받고 각 지역의 주교들을 임명하는 매관매직이 성행했을 뿐 아니라 백성들에게는 돈을 내면 살아 있는 사람은 물론 죽은 사람의 죄까지도 면죄되어 지옥에서 천국으로 갈 수 있다는 거짓 교리를 만들어내어 '면죄부'라는 것을 팔기까지 한다. 면죄부(免罪符)란 그들의 부모, 자식, 남편이나 아내, 누구든지 잘못된 신앙뿐만 아니라 예수를 믿지 않고 죽은 사람도 면죄부를 사는 돈이 돈궤에 떨어져서 '땡그랑'하는 소리를 내는 순간, 그 불쌍한 영혼이 구원을 얻어 지옥에서 천국으로 올라간다는 것이다.

마틴 루터는 1520년 『독일 기독교 귀족에게 쓴 서한』에서 당시 중세 교회의 타락상을 다음과 같이 지적하고 있다. "추기경들도 교회를 위해서 하는 일이라고는 하나도 없고 도둑놈처럼 돈에만 정신을 팔고 있다. 로마로 흘러가는 돈은 마치 밑 빠진 독에 물 붓는 격이다. 교황청의 부패상은 글로 표현할 수 없을 정도로 극심하니 곧 성직매매, 술주정, 사기, 도적질, 강도질, 사치, 매춘, 협잡질 등 하나님을 모독하는 일로 가득 차 있다. 적그리스도가 다스렸다 해도 이보다 더 부패하지는 않았을 것이다."

루터는 수사 시절 하나님 앞에서 의롭다고 인정받기를 정직하게 갈망했지만, 교회가 요구하는 방법으로는 그것을 얻을 수 없다는 사실을 알게 되었다. 그는 자신의 죄를 철저하게 회개함으로써 의를 이루고자 하였다. 그는 자신이 행한 일 중에서 조금이라도 잘못되었다고 생각되면 신부에게 가서 고해 성사를 하곤 했다고 한다. 그는 생각나는 자신의 모든 죄에 대해서 회개하며 의로워지려고 애를 썼지만 그럴수록 더욱 죄는 생각나고 마음의 평화는 오지 않았다. 그는 절망 속에서 하나님의 말씀을 읽고 또 읽으면서 기도하고 고민했다. 그러던 중 "오직 의인은 믿음으로 말미암아 살리라"는 로마서 1:17의 말씀이 그의 가슴에 꽂혔고 그 한 구절은 역사를 바꾸는 힘이 되었다.

그는 착한 행위로가 아니라 믿음으로 구원받는다는 진리를 새삼스럽게 깨달았고 모든 진리는 오직 성경 말씀 안에 있다는 사실을 깨달았다. 루터는 의에 주리고 목마른 자였고 주님의 약속대로 배부름을 얻었으며 거기서 더 나아가 거대한 역사의 물줄기를 바꾸고 복음의 진리를 회복하는 데 쓰임 받게 되었다.

루터는 1508년 비텐베르크대학교(Wittenberg)에서 신학을 공부한 후 1512년 이 대학의 신학 교수가 되었다. 그는 면죄부 판

매에 대해서 분개하여 주교들에게 이에 대한 토론을 요구하였으나 주교들은 반응을 보이지 않았다. 루터는 이에 관해 95개 항목에 달하는 자신의 견해서를 정리하였다.

매년 11월 1일에는 성인의 날을 기해서 비텐베르크대학교의 성당에 보관 중이던 성(聖) 유물을 무료로 개방하였는데 그날이 되면 많은 참배객들이 찾아오곤 하였다. 그래서 루터는 바로 이때를 이용해서 성 유물이 보관되어 있는 비텐베르크대학교의 부속 성당 정문에 95개조 명제를 인쇄해 못 박아 게시하였다.

이것이 도화선이 되어 종교개혁이 촉발되었으며 루터는 계속해서 논문을 발표하는 등 자신의 개혁사상을 펼쳐 나갔다. 그러는 동안 루터는 교황청으로부터 출교를 당할 뿐 아니라 1521년 1월 3일 파문당하는 등 심한 핍박을 받게 되었다. 그러나 한편으로는 루터를 지지하는 사람들도 있어서 개혁의 불길이 일어나게 되었다.

하나님은 이들의 신앙적 용기를 사용하셨다. 종교개혁은 처음부터 루터가 하려고 한 것이 아니라 하나님께서 진리의 말씀에 정직하게 반응했던 사람, 마틴 루터를 통해서 당신의 일을 이루셨던 것이다. 그 시대에 그를 이어 나타난 존 칼빈도 바로 그와 동일한 진리에 대한 열정 하나로 주님과 역사 앞에 정직하게 섰던 인물이었다. 오늘날 이 시대에도 하나님께서 그런 인물들을 일으켜 주시리라 믿는다.

하나님은 태초에 천지를 창조하시고 그 가운데 자기의 형상대로 사람을 창조하시고 인격적인 교제를 하시기 원하셨다. 하나님은 하나님과 사람들의 관계가 어떠해야 되는지를 보여주시기 위해 이스라엘 백성을 택하셔서 자기의 백성이라 칭하시고 제사장 등 지도자들을 세우셔서 백성들을 바르게 이끌도록 하셨다. 그러나 이스라엘 백성들의 불순종으로 지도자들은 하나님께서 주신 역할을 제대로 수행하지 못하였고 오히려 타락하여 백성들을 그릇된 방향으로 이끌었다. 드디어 하나님은 당신의 아들을 보내셔서 "회개하라 천국이 가까웠다"고 외쳤으나 지도자들은 듣지 않았고 오히려 하나님의 아들이신 예수님을 못 박아 죽게 하였다.

당시의 종교 지도자들은 "율법을 지킴으로써 의를 이룬다"고 가르쳤으나 예수님은 "내가 곧 길이요 진리요 생명이니 나로 말미암지 않고는 아버지께로 올 자가 없느니라"(요 14:6)라고 복음을 선포하셨다. 그리고 예수님은 "나는 포도나무요 너희는 가지라 그가 내 안에, 내가 그 안에 거하면 사람이 열매를 많이 맺나니 나를 떠나서는 너희가 아무것도 할 수 없음이라"(요 15:5)고 하셨다. 예수님 이전의 시대가 율법시대였으면 예수님 이후의 시대는 은혜의 시대인 것이다. 이렇게 하여 기독교가 탄생하게 되었고 따라서 기독교 역사상 가장 중요한 종교개혁은 예수님에 의해서 시작된 것이다. 이로부터 약 1,500년이 지나 마틴 루터 등에 의해서 두 번째 종교개혁이 시작된 것이다.

종교개혁자들이 기독교의 교리 가운데 가장 중요한 것으로 내세운 슬로건은 다음 세 가지이다.

- *오직 은혜로*: 우리의 구원은 전적으로 하나님의 주권하에 있으며 우리가 의로워서가 아니라 전혀 자격이 없는 자들이지만 오직 하나님의 은혜로 구원받는다.
- *오직 믿음으로*: 우리는 우리의 선한 행위로가 아니라 오직 믿

음으로 구원받는다.

♦ 오직 성경으로: 우리에게는 오직 하나님의 말씀인 성경만이 최고의 권위를 가지며 성경 이외의 어느 것도 성경만큼의 권위를 가질 수 없다.

이 세 가지 슬로건은 오늘날 기독교의 핵심교리로 인정받고 있다. 종교개혁으로 오늘날에는 당시의 많은 문제들이 개선되었고 가톨릭에서도 과거의 잘못을 어느 정도 인정하고 있지만 아직도 완전한 것은 아니다. 오히려 과거의 잘못을 개혁함으로써 성립된 오늘날의 개신교에서도 목사, 장로 등 교회의 지도자들이 자신의 권위나 파워를 나타내기 위해 눈에 보이는 차이를 원하고 교인들을 잘못된 방향으로 가르치는 경향이 있다. 자신의 헌신을 사람들의 눈에 보이게 함으로써 교회공동체 안에서 자신의 권위를 높이려고 하는 행위는 옳지 않다.

종교개혁자들은 "개혁 교회는 쉬지 않고 개혁되어야 한다"고 말하였다. 500년 전, 한 번의 개혁으로 교회의 개혁이 끝난 것은 결코 아니다. 교회는 계속해서 개혁되어야 한다. 그렇지 않으면 타락한다.

'개혁'이란 무엇인가? 무조건 기존의 질서를 버리고 뜯어고치는 것을 말하는 것이 아니다. 기독교에서의 개혁이란 '성경으로 돌아가는 것'을 말한다. 우리는 자신도 모르는 사이에 성경으로부터 멀어지는 경향이 있다. 자신도 모르는 사이에 우리의 의식 속에 침투한 비성경적인 요소들을 제거함으로써 성경의 정신으로 돌아가자는 것이다. 개혁자들이 내세웠던 기본 교리도 사실은 새로운 것을 만들어낸 것이 아니고 성경이 말하는 기본 진리인 것이다. 우리에게 최고의 권위는 오직 성경이다. 무엇이든지 성경말씀에 어긋나는 것은 버려야 한다. 루터와 칼빈은 지금도 말한다, "성경으로 돌아가자"고….

예수님도 "내가 율법이나 선지자를 폐하러 온 줄로 생각하지 말라 폐하러 온 것이 아니요 완전하게 하려 함이라"(마 5:17)고 하셨다. 하나님께서 주신 율법은 일점일획도 없어지지 않고 다 이루리라(마 5:18)고 하셨다. 단지 하나님이 율법을 주신 원래의 의도를 사람들이 이해하지 못하고 그것을 잘못 적용하는 것을 지적하시고 예수님은 율법의 근본정신을 가르쳐 주심으로써 예수님이 이 땅에 오신 것은 율법을 폐하러 온 것이 아니고 완전케 하려 함이라고 분명히 하셨다. 다시 말하면 예수님의 종교개혁도 '원래의 하나님의 뜻(말씀)으로 돌아가는 것'을 의미하는 것이다. 그로부터 1,500년이 지난 후 루터와 칼빈의 종교개혁도 같은 맥락으로 "성경으로 돌아가자"를 외치는 것이었다.

이런 의미에서 볼 때 종교개혁은 역설적이지만 개혁이라기보다는 오히려 강한 보수라고 볼 수 있다. 우리가 모든 것을 판단하는 기준은 오직 성경에 기록된 하나님의 말씀인 것이다.

우리가 그동안 교회에서 관습적으로 배우고 익숙한 모든 것에 대하여 용감하게 그리고 주저 없이 성경말씀의 잣대를 들이대야 한다. 그래서 성경말씀에 어긋나는 것은 과감하게 버려야 하는 것이다. 생명을 걸고 지켜낸 복음의 진리를 위해서 우리도 생명을 드리는 것이 합당하다. 우리가 믿는 이 복음의 진리는 2,000년의 교회 역사 속에서 수많은 사람들이 피로써 지킨 복음이기 때문이다.

# 8. 추수감사절(Thanksgiving Day)

영국에서 신앙의 박해를 받아 홀란드로 '순례의 길'을 떠났던 청교도들은 암스텔담과 랑덴에서 얼마 동안 신앙의 자유를 누리며 살다가 엘리자베스 1세가 여왕으로 즉위하자(1558) 타향살이를 청산하고 영국으로 돌아가를 원했다. 그러나 영국의 엘리자베스 여왕은 청교도들의 입국을 허락하지 않았기 때문에 이들은 고국 땅에 정착하지 못하고 다시 대서양을 건너 신대륙으로 갈 것을 결심하였다.

1620년 9월 29일 총 101명(남 72명, 여 29명)이 메이플라워호를 타고 호리어스항을 떠났다. 그들은 모진 고난의 항해 끝에 1620년 11월 9일 메사추세츠 주(州) 케이프카드 만에 도착하였다. 이들은 굶주림과 추위 그리고 인디안의 습격에 대한 공포 속에서 첫해 겨울을 보내면서 거의 반수가 괴혈병, 폐렴 등의 질병에 걸려 죽었다. 1621년 2월 28일까지 50명이 세상을 떠나고 봄이 오기 전까지 하루에 2-3명씩 죽어갔다. 그러나 청교도들은 개혁의 의지와 하나님의 축복을 받고 있다는 일념으로 윌리암 브래드포드(William Bradford)의 지도 아래 정착을 시작하여 열심히 개척하였다.

1621년 3월 이후에는 인디안들과 청교도들 사이에 분쟁도 있었으나, 상호 협력 및 불가침 조약을 맺은 이후 인디안들로부터 옥수수와 밀의 경작법을 배우는 등 많은 도움을 받았다. 특히 청교도들이 양식이 부족해서 일주일에 3일씩 금식을 하며 어렵게 지낼 때는 인디안들이 짐승들을 잡아다 주기도 해서 연명해 나갈 수가 있었다. 가을이 되어 그들이 심은 옥수수와 보리, 밀 등이 풍작을 이루었고 가을추수를 하였다.

이를 기념하기 위해 청교도들은 인디안들을 초청해서 축하잔치를 벌였다. 인디안의 마사소이드 추장은 90명의 용사를 데리고 참석하였다. 이날 청교도들은 들새를 잡으러 나가서 많은 칠면조를 잡았고, 인디안들은 사냥을 해서 다섯 마리의 사슴을 잡았다. 그 이후로 매년 추수감사절에는 칠면조 요리를 먹는 전통이 생겼다. 청교도인들은 인디안들과 어울려 모여서 잔치를 벌이고 하나님께 예배를 드리며 기뻐하였다. 청교도들이 바라던 신앙의 자유를 만끽할 수 있는 시간이 온 것이다. 이것이 1621년 11월 마지막 목요일이었고 오늘날 추수감사절의 유래가 되었다.

17세기 말 이전에 이 추수감사절은 코네티컷 주와 메사추세츠 주의 연례적인 성일이 되었으며, 이 관습은 서서히 다른 지역들로 퍼져 나가기 시작하였다. 추수감사절을 지키는 관습이 보다 확고한 기반을 갖고 남부지방으로 퍼져 나가게 되자 각 주의 정치가들은 이 추수감사절을 각 주의 연례행사로 정하는 문제를 정식으로 토의하게 되었다.

한편 1840년대에 *Godey's Lady's Book*의 편저자였던 사라

요세파 헤일(Sara Josepha Hale)여사는 추수감사절(11월 마지막 목요일)을 미국 전역의 연례적인 절기로 지킬 것에 대한 캠페인을 벌였으며, 1863년 9월 28일에 이것을 촉구하는 서신을 그 당시 미국의 대통령인 링컨에게 보냈다. 그로부터 4일 후 링컨은 추수감사절을 미국 전역의 연례적인 절기로 공포하였다. 그때까지만 해도 감사일이나 기도일에 대한 대통령의 선포는 연례적인 것이 아니었으며 또한 추수기와 아무런 관계도 없었다.

그러나 1863년 이후 모든 대통령들은 링컨의 전례를 따랐으며 행정부도 이를 뒷받침해 주었다. 따라서 1941년까지 추수감사절의 날짜는 대통령의 연례적인 선포에 따라 각기 달랐으나 1941년에 미국 의회는 대통령과의 합의 아래 11월 네번째 토요일을 추수감사절로 정하고 이날을 공휴일로 공포하였다. 비록 의회가 이 추수감사절의 날짜를 확정지어 놓았음에도 불구하고 대통령들은 계속하여 링컨이 1863년에 시작한 전례에 따라 매년 추수감사절 날짜를 선포해 오고 있다.[4]

---

4) 컴퓨터전문인선교회 홈페이지 참조(www.ctm.or.kr).

그런데 추수감사절이 미국에서는 가장 큰 축제일 중의 하나가 되어 있으나 미국의 국가적인 축제일이지 종교적인 축제일은 아니라는 시각도 있는 듯하다. 청교도들이 신대륙에 정착하면서 혹독한 시련을 견뎌내고 얻은 첫 수확의 기쁨을 하나님께 감사로 표시하였다는 것은 지극히 기독교적이며 하나님께서 구약의 이스라엘 백성들에게 맥추절과 수장절을 지키라고 명령하신 것과 연관해서 보면 비록 지키는 시기와 방법에는 차이가 있더라도 하나님이 주신 것에 대하여 감사하라는 하나님의 뜻에 부합된다고 볼 수 있다.

산업이 발전하고 사회가 복잡해질수록 전체 인구에 대한 농업에 종사하는 사람의 비율은 줄어들 수밖에 없다. 그렇다면 농사를 짓지 않는 사람들에게는 추수감사절은 의미가 없지 않은가라고 생각하는 사람이 있을 수 있다. 직업이 농업이 아닌 사람이라고 해도 다른 사람이 농사지어서 생산한 것을 먹어야 하므로 추수감사절은 누구에게나 의미를 갖는다. 그러나 그보다도 더 큰 뜻에서 우리가 하나님께 감사할 것은 식품만이 아니고 모든 것에 대해서인 것이다.

주님께서 가르쳐 주신 기도문에서도 "…일용할 양식을 주옵시고…"라는 구절이 있다. 이것을 반드시 양식만을 구하는 기도로 생각한다면 매우 좁은 생각이다. 우리가 살아가는 데에는 양식만이 아니라 의식주를 포함해서 모든 것이 필요하다. 그 중에서 대표적으로 양식을 언급한 것이지 의복, 주택, 그 외에도 여러 문화생활을 하는 데 필요한 모든 것, 우리가 사랑할 대상인 가족과 친구들 및 그 외의 이웃까지도 주신 것에 감사하고 구해야 되는 대상들이다. 우리는 우리에게 필요한 모든 것을 주신 하나님께 감사해야 한다. 추수감사절의 영어 명칭인 'Thanksgiving Day'라는 말에도 추수만을 뜻하는 단어는 없다. 하나님이 '주신 모든 것에 대해 감사하는 날'인 것이다.

하나님께 대한 감사는 감사절에만 하고 그 외의 날에는 감사하지 않아도 되는 것은 아닐 것이다. 우리는 항상 감사해야 하지만 특별한 절기를 정해서 감사의 의미와 이유를 생각해 볼 필요가 있기 때문에 이러한 절기를 지키는 것이다.

우리는 하나님께서 우리에게 주신 모든 것에 대해 감사해야 한다. 그중에 대부분은 우리에게 직접 주시기보다는 어떤 다른 사람을 경유해서 주신 것들이다. 그렇다면 우리는 하나님에게만 감사하고 전해준 사람에게는 감사하지 않아도 되는 것인가?

감사하는 마음은 궁극적으로 사랑하는 마음과 같다. 예수님은 "누구든지 하나님을 사랑하노라 하고 그 형제를 미워하면 이는 거짓말하는 자니 보는바 그 형제를 사랑치 아니하는 자가 보지 못하는바 하나님을 사랑할 수 없느니라"(요일 4:20)고 하셨다. 그리고 "내가 진실로 너희에게 이르노니 너희가 여기 내 형제 중에 지극히 작은 자 하나에게 한 것이 곧 내게 한 것이니라"(마 25:40)라고 말씀하셨다. 우리가 진정으로 하나님을 사랑한다면 그 사랑이 형제사랑으로 나타나야 하는 것이다. 마찬가지로 하나님께 대한 감사는 이웃에 대한 감사로 나타나야 하는 것이다. 우리가 돈을 주고 무엇을 구입하더라도 그 물건을 만들어서 공급한 사람, 그것을 내가 사는 도시까지 수송해준 여러 단계에 관여한 사람들, 내가 그것을 살 수 있도록 가게에서 팔아준 사람까지 그리고 내가 그것을 살 돈을 벌 수 있도록 일자리를 제공해준 회사 등 모든 사람들께 감사하는 마음이 바로 하나님께 감사하는 마음인 것이다.

그런데 전 세계의 기독교인들이 같은 날을 추수감사절로 정해서 지키는 것은 아니다. 예를 들어서 미국의 이웃에 위치한 캐나다는 10월의 두 번째 월요일이 추수감사절이다.

우리나라 추수감사절은 그 명칭도 영어의 'Thanksgiving Day'를 번역한 말인데 한국교회에서 감사절을 지키는 것은 1904년부터라고 알려지고 있다. 제4회 조선예수교장로회 공의회에서 서경조 장로의 제의로 한국교회에서도 감사일을 정해 지키기로 하였다. 지키는 날짜는 다른 교파 선교부와 협의하여 정하기로 하고 우선은 11월 10일을 추수감사절로 정하여 장로교 단독으로라도 지키기로 하였다.

그 후 1914년 각 교파선교부의 회의를 거쳐 미국인 선교사가 처음으로 조선에 입국한 날을 기념한 11월 셋째 주일 후 수요일을 감사일로 정하여 예배를 드리고 감사헌금을 모아 총회 전도국에 보내 전도 사업에 사용하기로 하였다. 그 후 수요일을 주일로 바꾸어 매년 11월 셋째 주일을 추수감사절로 정해서 오늘에 이른다. 우리나라에는 이와 비슷한 의미를 가지는 우리 민족 고유의 명절인 추석(음력 8월 15일)이 있다. 현재 한국교계 일각에서는 한국의 실정에 맞는 시기인 중추절(추석)을 전후해서 한국교회다운 추수감사절을 새로 지정해야 한다는 주장도 있다고 한다.

그러나 우리나라 교회에서는 별도의 추수감사절 대신 추석으로 대체하면 어떨까 하고 생각해 보기도 한다. 그런데 추석은 감사하는 대상이 하나님이 아니라는 문제가 있기는 하다. 우리 민족 전래로 추석에는 '조상신'에게 감사하고 제사지내는 풍습이 있고 이 점이 기독교와는 맞지 않는 점이다. 그러나 서양에서는 '이스터'라는 이교도의 축제를 부활절이라는 기독교의 축제일로 바꾸어 버렸는데 우리도 추석에 감사하는 대상을 하나님으로 바꾸어 추수감사절로 지키면 어떨까 싶다. 만약 그렇게 한다면 민족의 명절을 기독교 절기로 바꾸었다고 비기독교인들이 항의를 하지 않을까 염려되기는 한다. 꼭 그렇게 하자는 것보다는 한번 생각해 봄직한 일이다.

*Important Days to Celebrate in the Christian Church*

## 9. 할로윈(Halloween)이란?

할로윈은 분명 기독교적 절기는 아니다. 따라서 이것은 여기에서 언급할 사안이 아님에 틀림 없다. 그럼에도 불구하고 많은 사람들이 서양에서 유래된 것이면 모두 기독교와 관련 있는 것으로 생각하는 경향이 있고 따라서 할로윈도 기독교적인 절기로 아는 사람들이 있기에 그렇지 않다는 것을 밝힐 필요를 느끼게 된다.

기독교가 유럽을 지배하기 전 아일랜드, 영국, 북부 프랑스 등에 살던 켈트족은 11월 1일에 새해가 시작된다고 믿었다. 그리고 1년의 끝은 10월 31일로, 이날 밤에는 죽은 사람의 영혼이 가족을 방문하거나, 귀신이나 마녀가 내려와서 돌아다닌다고 믿었다고 한다.[5] 사람들은 이것들로부터 자신을 지키기 위해 모닥불을 피워 귀신을 쫓아내고 먹을 것을 주면서 달래서 자신들에게 해꼬지를 못하게 하기도 하고 한편으로는 자기들의 집을 무섭게 꾸미거나 자기 스스로 무서운 귀신으로 변장해서 악령이 자기편인 줄 착각하게 하여 해를 면하고자 하였다고 한다. 또한 가족의 묘지에 참배하고 거기서 초를 붙이는 지역도 있었다고 한다.

전통적으로 로마 가톨릭에서는 11월 1일에 모든 죽은 성자들을 기념하는데 10월 31일은 이러한 만성절 전야제, 즉 "All Hallow's Eve"가 줄여져서 "Halloween" 이 된 것이라고 한다.

그래서 10월 31일의 밤에는 호박을 도려내고 안에 초를 세워 Jack O' Lantern(잭 오 랜턴, 도깨비 호박)을 만들어, 마녀나 도깨비를 가장한 아이들이 집집마다 돌며 Trick or treat!(맛있는 것을 주지 않으면, 장난칠거야)라고 말한다. 이렇게 한 다음 아이들이 모여 받

---

5) 「기독일보」(2010년 11월 21일) 참조.

은 과자를 모아서 파티를 열기도 한다.

또한 할로윈은 기분 나쁜 것이나 무서운 것으로 받아들여, 대부분 죽음이나 신화의 괴물 등을 생각나게 한다. 할로윈에 관련된 등장인물은 흔히 유령, 마녀, 박쥐, 검은 고양이, 고블린, 좀비, 악마 거기에 드라큘라나 프랑켄슈타인과 같은 문학 작품상의 인물이 포함되기도 한다. 할로윈 기간에 가정에서는 이러한 것으로 장식하기도 한다.

미국 교회에서는 할로윈 행사를 반기독교 문화로 규정한바 있다.

*Important Days
to Celebrate
in the Christian Church*

# 10. 강림절(Advent)

'애드벤트'(Advent)란, 라틴어의 '아드벤투스'(adventus)에서 유래된 말로 '출현'또는 '도래'(coming)를 의미한다. 우리말로는 '강림절'이라고도 한다. 기독교에서는 예수님의 탄생을 기념하는 크리스마스 4주전부터 예수님의 오심을 기다리며 준비하는 절기로 강림절(Advent)을 지킨다. 정확하게 강림절(Advent)은 크리스마스(12월 25일) 전 네 번째 주일에 시작된다. 이날은 11월 27일에서 12월 3일 사이의 주일이다.

라틴어의 '아드벤투스'(adventus)는 희랍어의 '파루시아'(παρουσία)를 번역한 단어인데 흔히 재림(두 번째 오심)의 뜻으로 사용되었다. 기독교에서의 강림절(Advent)은 유대인들이 그들의 메시야의 탄생(초림)을 기다렸던 것과 오늘날의 기독교인들이 그리스도의 재림을 기다리는 두 가지 의미를 다 포함하고 있다.

오늘날 강림절(Advent)의 의미는 크리스마스의 기간에 그리스도의 오심을 기념하면서 재림을 준비하는 것이다. 교회에서는 이 기간에 주로 재림과 관련된 설교를 하는 것이 보통이다.

그리스도께서 약 2,000년 전에 우리의 구세주로 겸손하게 오셔서 우리를 위해 대신 십자가에 죽으심으로 우리를 구원하셨다. 그러나 언젠가 다시 오실 때에는 왕이자 온 세상을 심판하시는 분으로 영광 가운데 오실 것이다. 그때 우리 믿는 자들은 그분과 함께 완전한 천국으로 들어갈 것이다.

# 11. 크리스마스

크리스마스(Christmas)라는 말은 '그리스도의 축일' (Festival of Christ)라는 뜻으로 12월 25일을 크리스마스로 정해 기념하게 된 것은 4세기 말부터라고 한다. 그 당시 로마에는 이교적인 축제들이 민간에 널리 퍼져 있었다. 로마에는 일 년 중, 이 시기에 태양신 미트라(Mithras)의 생일을 기념하는 축제가 있었다. 그래서 교회의 수장들이 모여 이 이교적 풍습을 없애기 위해서 이 축제를 예수 그리스도의 생일 축제로 만들기로 했다고 한다. 그래서 예수님이 태어나신 시기는 봄(정확하게 4월 19일이라는 주장도 있다)이라고 여겨지지만, 이 풍습을 없애기 위하여 12월 25일을 예수님의 공식적인 생일로 공포했다고 한다.

예수님이 태어나신 정확한 해(年)도 잘 모른다. 오늘날 전 세계가 사용하는 서력기원이 예수님의 탄생을 기준으로 그 이후의 해를 주후(Anno Domini, A.D.)로 그 이전의 해는 주전(Before Christ, B.C.)으로 계산한다는 것은 다 아는 사실이다. 만일 이것이 정확하게 계산되었다면 예수님이 탄생하신 해는 서기 원년(0년)이 되어야 한다. 그런데 이것을 만드는 당시에는 '0'이라는 숫자의 개념이 없었다고 한다. 그래서 이 작업을 하는 사람들은 예수님이 태어나신 해를 0년이 아니고 1년으로 정했다고 한다. 그러고도 예수님의 탄생하신 해를 계산하는 데 몇 년(2-6년)의 착오가 있었던 모양이다. 그래서 오늘날 예수님의 탄생은 여러 주장이 있지만 대체로 주전 4년이라고 알려지고 있다.

인간의 과학이나 기록의 미숙으로 이 정도의 오류가 있지만 예수님이 이 세상에 오신 것은 분명한 사실이고 우리 인류에게는 중요한 사건이었다. 크리스마스는 기독교인들에게는 부활절과 함께 가장 큰 축제일이고 크리스마스는 기독교인들뿐만 아니라 믿지 않는 사람들에게도 중요한 축제가 되고 있다.

예수님이 이 세상에 오신 것은 어떤 의미가 있는가? 하나님이 이 세상을 창조하실 때부터 계획하신 일이다. 태초에 하나님이 천지를 창조하시고 그 가운데 인간을 하나님의 형상대로 지으신 목적은 사람을 사랑의 대상으로 삼으시고 함께 교제하시기 위해서이다.

그러나 자유의지를 가진 인간은 하나님의 계획에 순종하기보다는 자기가 하나님처럼 되려고 하여 범죄하였다. 인간의 불완전함과 죄성을 아시는 하나님은 이 땅, 즉 지금 우리가 살고 있는 이 세상을 마지막 작품으로 만드신 것이 아니고 이 세상 이후에 하나님께서 직접 다스리시는 보다 완전한 나라를 계획하셨다. 우리는 그곳을 '천국' 또는 '하나님 나라'라고 한다. 그리고 지금의 이 세상은 천국에 들어갈 사람들, 즉 천국시민을 양성하기 위한 훈련장인 것이다. 다시 말하자면 지금의 이 세상은 하나님의 창조의 최종적인 작품이 아니고 궁극적으로 하나님의 나라를 만드시기 위한 전 단계인 것이다. 그리고 천국에 들어갈 사람들의 수가 다 채워지면 이 세상은 그 목적을 다 했으므로 없어질 것이다.

하나님은 장차 천국에 들어갈 천국시민을 양성하기 위해서 이 땅의 모든 사람들에게 하나님의 백성은 어떻게 살아야 하는가를 보여주실 필요가 있었다. 그래서 이 땅 위에서 시범적으로 하나님의 백성들의 역할을 맡기고자 그 백성의 조상으로 아브라함을 택하셨다.

창세기 12장에서 하나님은 아브라함에게 복을 주시며 약속을 하신다. "여호와께서 아브람에게 이르시되 너는 너의 본토 친척 아비 집을 떠나 내가 네게 지시할 땅으로 가라 내가 너로 큰 민족을 이루고 네게 복을 주어 네 이름을 창대케 하리니 너는 복의 근원이 될지라 너를 축복하는 자에게는 내가 복을 내리고 너를 저주하는 자에게는 내가 저주하리니 땅의 모든 족속이 너를 인하여 복을 얻을 것이니라 하신지라"(창 12:1-3).

아브라함은 하나님을 믿고 하나님의 말씀에 순종했다. 하나님은 아브라함의 자손인 이스라엘 백성들에게 어떻게 살아야 하는지에 관한 여러 계명을 주시고 하나님의 백성다운 모습을 다른 모든 민족들에게 보이기를 원하셨다. 그러나 이 백성들은 하나님께 순종하지 않고 패역하여 하나님께서 주신 역할을 제대로 수행하지 못하였다. 그래서 하나님은 여러 선지자들을 보내서서 경고도 하시고 징계도 하셨지만 그들은 하나님을 섬기기보다는 우상을 숭배하고 바른 말하는 선지자들을 핍박하고 죽였다.

그런 가운데 하나님은 선지자들을 통해서 앞으로 오실 새로운 지도자, 즉 메시야에 관한 예언을 주신다(사 9:6; 렘 23:5-6). 이 예언대로 오신 분이 바로 약 2,000년 전에 오신 예수님이시다. 예수님은 다윗왕의 후손이지만 몰락하여 가난한 목수인 요셉과 정혼한 사이였던 마리아의 몸에 성령으로 잉태되어 태어나셨다. 남성중심의 혈통을 중시하는 당시 사람들의 시각으로는 다윗의 가계에서 태어나셨으며 구약성경에서의 다윗의 혈통에서 메시야가 날 것이라는 예언이 이루어졌으므로 사람들로부터 다윗의 자손이라는 호칭을 얻게 되기도 한다. 그러나 생물학적으로는 요셉과는 아무 관계가 없으며 우리가 사도신경으로 신앙고백하

듯이 성령으로 잉태하여 동정녀 마리아에게서 나셨다.

천사는 요셉에게 태어날 아기의 이름까지 일러주었는데 '예수'라 하라고 하였다. 그 이름의 뜻은 '야웨 하나님께서 구원하신다'이다. 이어서 천사는 "이 모든 일의 된 것은 주께서 선지자로 하신 말씀을 이루려 하심이니 가라사대 보라 처녀가 잉태하여 아들을 낳을 것이요 그 이름은 임마누엘이라 하리라 하셨으니 이를 번역한즉 하나님이 우리와 함께 계시다 함이라"(마 1:22-23)고 하였다. 이 모든 일은 이미 선지자를 통해서 예언하신 것을 이루시는 것이라는 말이다.

임마누엘은 예수님의 별명이라고 할 수 있는데 '하나님이 우리 사람들과 함께 계시다'라는 뜻이다. 즉 예수님은 하나님이시다. 하나님은 한 분이시지만 우리에게 성부 하나님, 성자 하나님, 성령 하나님의 세 위로 나타나시므로 신학적으로 삼위일체의 하나님이라고 한다. 예수님은 바로 삼위일체 하나님의 한 위이신 성자 하나님이신 것이다. 임마누엘이라는 이름대로 하나님이 사람의 몸을 가지고 이 땅 위에 오셔서 사람들과 함께 계셨던 것이다.

하나님께서 당신이 만드신 세상에 오시는데 크게 팡파레를 울리며 화려하게 개선하시지 않고 지극히 초라한 모습으로 겸손하게 오셨다. 그리고 제자들도 서민층에서 택하셨다. 예수님 자신은 구세주요 왕이시지만 특권층을 위해서 오신 것이 아니고 소외된 자들에게 더욱 많은 관심을 보이셨다.

이렇게 오신 예수님은 우리의 죄의 문제를 해결해 주심으로써 우리 스스로는 도저히 자격이 없지만 예수님만 믿으면 천국 시민이 되도록 해주셨다. 예수님이 이 땅에 오신 주 목적은 우리를 대신해서 십자가에 못 박혀 죽으심으로 우리를 죄로부터 구속하시기 위해서인 것이다.

인간은 누구나 죄인이기 때문에 이대로는 하나님 앞에 나갈 수가 없다. 죄의 문제를 해결하기 위해서는 우리는 죽어야 한다. 그러나 하나님께서는 우리가 죽는 것을 원하지 않으셨기 때문에 구약시대에는 사람의 죄를 동물에게 전가하고 동물을 대신 희생함으로써 일시적으로 이 문제를 해결할 수 있도록 배려해 주셨다.

그러나 이러한 방법의 속죄제사는 완전한 것이 아니기 때문에 필요할 때마다 반복해야만 했다. 그러나 하나님이신 예수님은 동물이 아니라 자기 자신을 희생제물로 바침으로써 우리를 위해서 단번에 완전한 속죄 제사를 드린 것이다. 우리의 죄값을 예수님이 다 치르신 것이다.

우리는 이 사실을 믿고 받아들이기만 하면 우리의 죄는 다 없어지고 하나님의 거룩한 천국백성이 되는 것이다. 그러나 이것을 믿지 않고 인정하지 않는다면 예수께서 우리를 위해서 하신 일은 우리와 상관없는 일이 될 것이다. 우리가 하나님을 믿고 하나님이신 예수님이 우리의 죄값을 치르시기 위해서 죽으셨다는 사실을 믿으면 우리는 하나님의 백성으로 하나님께서 처음부터 계획하신 하나님 나라에 들어가게 되는 것이다.

그러나 하나님은 우리가 죽어서 완전한 천국에 들어가기 전이라도 천국시민으로서의 자격을 획득한 사람들은 비록 완전한 것은 아니지만 이 땅에 사는 동안에도 천국을 맛볼 수 있게 하셨다. 예수님은 공생애를 시작하실 때 하신 첫 설교에서부터 "회개하라 천국이 가까웠느니라"(마 4:17)고 선포하셨다. 우리가 하나님을 믿고 교회생활을 통해서 서로 사랑하며 교제를 나눈다면 예수께서 우리와 함께 하신다고 하셨다. 그렇다면 우리 하나님의 백성들이 하나님이신 예수님을 모시고 서로 사랑하며 교제하는 교회, 이곳이 바로 천국이다. 우리는 이 땅 위에서 천국을 경험하고 있는 것이다. 그러나 지상에서의 천국은 완전한 천국은 아니다. 왜냐하면 이곳은 죄가 가득한 세상에 둘러싸여 있기 때문이다. 그러나 우리가 이 땅에서의 삶을 마감하고 궁극적으로 들어갈 완전한 천국은 지금 이곳과는 비교도 안 될 만큼 좋은 곳일 것이다. 그곳에서는 우리가 하나님과 직접 맞대면하며 교제를 나눌 것이다. 궁극적으로 예수님은 우리를 그곳으로 초대하시기 위해서 이 땅에 오신 것이다.

이러한 하나님의 계획을 사탄은 방해한다. 예수님의 탄생 당시 헤롯왕은 동방박사들로부터 예수님의 탄생에 관한 소식을 듣고 그를 죽이려고 한다. 그는 '유대인의 왕으로 나신 이'라는 말을 들었을 때 즉시 그와 그리스도를 연관시켰다. 모든 대제사장과 백성의 서기관들을 모아 "그리스도가 어디서 나겠느뇨" 하고 물은 것과 동방박사들에게 "나도 가서 그에게 경배하게 하라"고 한 것을 볼 때 그는 태어난 아기가 그리스도였음을 직감적으로 알았다.

그럼에도 그는 예수를 죽일 계획을 세우고는 박사들에게 아기가 있는 곳을 알게 되면 자기에게 돌아와 알려 달라고 하였다. 그러나 박사들이 자기에게 돌아오지 않자 심히 노하여 사람을 보내어 그 지경 안에 있는 모든 사내 아이를 박사들에게 자세히 알아 본 그때를 표준하여 두 살부터 그 아래로 다 죽일 만큼 잔인한 일을 저질렀다. 하나님의 위대하신 구속사역에도 사탄의 집요한 방해공작이 있다는 것은 간과할 수 없는 사실이다. 우리가 하나님의 소명을 받고 주의 일을 할 때에도 항상 사탄의 방해가 있다는 것을 깨달아야 한다. 그러나 사탄의 방해가 아무리 집요하더라도 하나님은 우리를 구원하시기 위한 당신의 계획을 조금의 착오도 없이 치밀하게 이루어 가신다.

하나님의 계획은 처음부터 인종이나 사회적 신분에 관계없이 그리고 부자이거나 가난한 사람이거나 남자이거나 여자이거나 관계없이 하나님을 믿고 순종하는 모든 사람을 구원하시고 그들과 함께 교제하시는 것이었다. 이 계획을 위해서 이스라엘을 택하셔서 언약을 주시며 하나님의 백성으로서의 역할을 시키셨는데 그들은 순종하지 않음으로 실패하였다. 그럼에도 예수님이 이 땅에 오심으로 새 언약의 시대가 열린 것이다. 이제는 혈통적인 이스라엘의 역할은 끝나고 예수님을 구주로 믿는 사람은 혈통에 관계없이 누구나 하나님의 참 백성(믿음의 이스라엘)이 되며 확실한 천국시민이 되는 것이다. 이것이 바로 약 2,000년 전에 예수께서 이 땅에 오신 목적이다.

이제 예수님의 초대에 응할 것인가 아닌가는 우리의 선택이다. 당신은 어떤 선택을 할 것인가?

# Important Days to Celebrate in the Christian Church

## 12. 주현절(Epiphany)

에피퍼니(Epiphany)란 우리말로는 '예수공현 축일'이라고 하는데 크리스마스 후 12번째 날(1월 6일)까지의 기간이다. 'Epiphany'라는 말은 '나타나다'라는 뜻의 희랍어에서 유래되었다고 한다. 하나님이 인간의 몸으로 세상에 오심으로 자신을 나타내심을 기념하는 기독교의 축일(祝日)이다. 주현절(Epiphany)은 크리스마스 4주 전부터 예수님의 오심을 기념하는 강림절(Advent)이 공식적으로 마무리되는 날이기도 하다. 기독교의 일부에서는 이날에 아기 예수께 경배하러 온 동방박사들의 방문을 기념하기도 한다.

주현절(Epiphany)은 역사적으로 누가복음 2장의 내용과 관련이 있다. 예수의 부모가 아기 예수를 예루살렘의 성전으로 데리고 갔다가 거기에서 시므온이라 하는 경건한 사람을 만났다. 시므온이 아기 예수를 안고 하나님을 찬송하며 말했다. "내 눈이 주의 구원을 보았사오니 이는 만민 앞에 예비하신 것이요 이방을 비추는 빛이요 주의 백성 이스라엘의 영광이니이다"(눅 2:30-32). 예수님의 오심은 하나님께서 만민을 위하여 예비하신 구원이며 이방을 비추는 빛이라고 하였다. 이것이 바로 주현절(Epiphany)의 의미이다. 결론적으로 주현절(Epiphany)은 그리스도께서 우리 가운데 오심으로 나타내신 하나님의 '자기현시'이다.

인류의 역사에 단일 사건으로 이보다 더 큰 일은 없다. 하나님이 우리를 사랑하셔서서 우리 가운데 오셔서 인간으로 살다가 우리를 대신해서 세상에서 알려진 가장 혹독하고 잔인한 고통을 당하고 죽으심으로 우리에게 영원한 구원을 주신 사건이다.

하나님께서 우리에게 주신 교회의 소명은 주현절(Epiphany)의 뜻을 반영하여 하나님의 임재를 기념하고(Celebrating God's

Presence), 하나님의 백성들을 말씀으로 무장시키며(Equipping God's People), 세상에 그리스도를 알리는(Making Christ Known) 일이다.

*Important Days
to Celebrate
in the Christian Church*

# 13. 정리하면서

    알아두면 좋을만한 여러 절기와 관련된 사항들을 단순히 정리해 보고자 시작했는데 각각의 절기의 의미를 생각하면서 하나님의 사랑을 조금은 더 이해하게 되고 많은 은혜를 느끼게 된다.
    하나님은 우리 인간을 사랑하시고 함께 교제하시기 위해서 지으셨다. 그리고 하나님의 백성으로서 어떻게 살아야 하는가의 시범을 보이도록 이스라엘을 택하셨으나 그들은 그 역할을 수행하는 데 실패하였다.
    하나님은 아브라함, 모세, 다윗을 통해서 반복적으로 이스라엘 백성들과 언약을 맺으신다. 그러나 이스라엘 백성들은 번번

이 하나님과의 약속을 파기하고 스스로 멸망의 길을 간다. 그럼에도 불구하고 하나님은 끝까지 일방적으로 약속을 지키시며 그들을 버리지 않으시고 온 인류 구원의 계획을 실현해 가신다.

우리의 죄의 문제를 해결하시기 위해서 하나님이 스스로 인간의 몸으로 이 땅에 오셔서 온갖 고통을 받으시고 스스로 희생 제물이 되셨다. 우리는 그 사실을 믿기만 하면 우리의 죄는 없어지고 하나님과 교제할 수 있는 자녀가 된다.

예수님은 천국이 이미 도래하였다(마 12:28)고 말씀하셨고 "두세 사람이 내 이름으로 모인 곳에는 나도 그들 중에 있느니라"(마 18:20)고 하셨다. 우리는 지금 이 땅 위에서 교회생활을 통해 천국생활을 연습하고 있는 것이다. 하나님 안에서 형제 자매된 자들이 모여 서로 사랑하며 한 하나님을 섬기면 예수님은 이곳에 우리와 함께 계시고 이곳이 바로 천국이다.

그러나 지상에서의 천국은 악한 세상에 둘러싸여 있기 때문에 항상 사단의 유혹을 받을 수 있고 따라서 완전한 천국은 아니다. 그래서 우리에게는 늘 성령의 인도하심이 필요한 것이다.

하나님은 우리가 어려울 때는 항상 우리와 함께 계시는 분이시다. 하나님은 모세에게 애굽으로 가서 이스라엘 백성들을 이끌고 나오라고 명령하셨을 때 모세가 두려워하자 "내가 정녕 너와 함께 있으리라 네가 그 백성을 애굽에서 인도하여 낸 후에 너희가 이 산에서 하나님을 섬기리니 이것이 내가 너를 보낸 증거니라"(출 3:12)고 하셨다. 모세의 후임으로 여호수아를 세우시고 백성들을 이끌고 가나안으로 들어가게 하실 때에도 "내가 네게 명한 것이 아니냐 마음을 강하게 하고 담대히 하라 두려워 말며 놀라지 말라 네가 어디로 가든지 네 하나님 여호와가 너와 함께 하느니라"(수 1:9)라고 약속하셨다.

예수님도 부활하신 후 갈릴리에서 제자들을 만났을 때 "하늘과 땅의 모든 권세를 내게 주셨으니 그러므로 너희는 가서 모든 족속으로 제자를 삼아 아버지와 아들과 성령의 이름으로 세례를 주고 내가 너희에게 분부한 모든 것을 가르쳐 지키게 하라 볼지어다 내가 세상 끝날까지 너희와 항상 함께 있으리라"(마 28:18-20)고 하셨다.

예수님은 2,000년 전에 오셨고 십자가에서 죽으시고 부활하셔서 승천하셨다. 그리고 세상의 마지막 날에 재림하신다. 그러면 그 사이에는 예수님은 안 계시는가? 예수님은 지금도 우리와 함께 계신다. 우리 눈에 보이지는 않지만 영으로 계신다. 마지막 날에 재림하신다는 것은, 그때에는 우리가 볼 수 있는 모습으로 다시 나타나신다는 뜻이다.

예수님의 이름은 '하나님이 구원하신다'는 뜻이고 그의 별명인 임마누엘은 '하나님이 우리와 함께 계시다'이다. 하나님의 샬롬(shalom)으로 우리를 구원하시는 일은 하나님의 임재 속으로 우리를 초대하시는 것을 의미한다.

우리가 이 세상에 있는 동안에는 하나님이 우리와 함께 계셔도 우리의 삶에는 여전히 시련이 있을 수 있다. 제자들이 예수님과 함께 배를 타고 갈릴리 바다를 건널 때에도 폭풍우가 닥치자, 제자들이 겁에 질린 일도 있다. 아무리 험한 폭풍우라도 그 배에 예수님이 타고 계신 한 절대 안전하다는 것을 제자들은 알았어야 되는데 두려워했으므로 예수님은 그들에게 "어찌하여 무서워하느냐 믿음이 적은 자들아"(마 8:26)라고 책망하셨다. 하나님이 우리와 함께 계실 때에는 어떤 어려움이 닥쳐도 궁극적으로 안전한 것이다. 그러나 마지막 날에 우리가 예수님의 손에 이끌려 들어가는 천국은 어떠한 폭풍우도 없는 완전한 천국일 것이다. 함께 가지 않겠는가?

구약에서 하나님이 사람에게 하신 약속은 사람들이 지키지 않음으로써 파기되었다. 그러나 신약시대에 하나님은 교회에게 약속하신다. 교회는 그리스도의 몸이다. 따라서 이 약속은 하나님이 하나님 자신에게 하신 약속인 것이다. 은행이 은행에게 지불을 약속하는 자기앞 수표를 우리는 틀림없다고 하여 보증수표라고 한다. 하물며 하나님이 하나님 자신에게 하신 약속이야말로 반드시 지키시지 않으랴….

*Important Days
to Celebrate
in the Christian Church*

# 부 록

## 구약성경의 유대 절기들

성경에는 여러 절기들이 나온다. 하나님께서 특별히 지정하신 절기도 있고, 이스라엘의 역사 속에서 기념하며 정착된 절기(예를 들면, 에스더 9장의 부림절과 요한복음 10장에 언급되는 수전절)도 있다. 본 부록에서는 하나님께서 이스라엘에게 지정하셨던 3대 절기(무교절, 칠칠절, 초막절)와 그 전후 기간의 절기를 소개한다. 구약의 3대 절기 기간에는 하나님께서 정하신 장소에 이스라엘의 모든 남자들이 함께 모여 하나님 앞에 뵈어야 했다. 즉 이스라엘 모든 남자는 1년에 최소 3번은 예루살렘을 방문하게 된다.

너의 가운데 모든 남자는 일 년에 세 번 곧 무교절과 칠칠절과 초막절에 네 하나님 여호와께서 택하신 곳에서 여호와를 뵈옵되 빈손으로 여호와를 뵈옵지 말고(신 16:16).

이스라엘의 절기는 그들에게 단순한 절기의 의미가 아닌, 하나님 앞에 나아가 하나님과의 만남을 통해 누리고 즐기는 축제적인 성격이 있다. 그리고 무엇보다 이 절기들은 성도의 구속과 관계된 중요한 상징들을 포함하고 있다.

## 1. 유월절(페사흐 פֶּסַח, Passover)

◑ 니산월(Nisan, 첫째 달) 14일

유월절은 하나님께서 이스라엘 백성을 애굽의 노예 상태로부터 구해내신 사건을 기념하는 종교적인 축제로서, 이 절기를 기준으로 이스라엘의 첫 달(아빕월 또는 니산월이라 부름)이 정해졌으며, 현대의 태양력으로는 대략 3~4월에 해당한다.

이 달을 너희에게 달의 시작 곧 해의 첫 달이 되게 하고…이 달 열나흗날까지 간직하였다가 해 질 때에 이스라엘 회중이 그 양을 잡고 그 피를 양을 먹을 집 좌우 문설주와 인방에 바르고 그 밤에 그 고기를 불에 구워 무교병과 쓴 나물과 아울러 먹되 날 것으로나 물에 삶아서 먹지 말고 머리와 다리와 내장을 다 불에 구워 먹고(출 12:2-9).

하나님은 이스라엘을 해방시키기 위해 애굽에 내리셨던 마지막 재앙은 짐승과 사람을 무론한 초태생(장자, 첫 새끼)의 죽음이었다. 이스라엘이 저주가 내리는 애굽 땅에서 죽음을 피하기 위해서는 어린양을 잡아 그 피를 문설주와 인방에 뿌려야 했는데, 그 표시가 있는 집만 죽음의 저주가 통과(Passover, 유월)했다(출 12:1-13). 이스라엘은 이날의 해방과 구원을 기념하고, 노예 생활의 고생도 잊지 않기 위해 매년 유월절 절기에 어린양의 고기와 쓴 나물, 맛짜(מַצָּה)라는 누룩(yeast) 없는 빵을 먹는다.

그런데 유월절의 의미는 단지 이스라엘 민족에게만 국한되지 않는다. 유대인들에게 구원의 날이었던 유월절은 신약에 이르러 유월절 어린양으로서 십자가에 못 박히시고 자신의 피를 흘려 우리를 구속하신 예수님을 나타내는 그림자이다.

요한복음 19장에는 유월절 준비일, 어린양을 잡아야 할 시간에 유월절의 진정한 어린양이신 예수님을 죽이는 사람들의 모습이 자세히 기록되었다.

> 이 날은 유월절의 준비일이요 때는 제육시라 빌라도가 유대인들에게 이르되 보라 너희 왕이로다 그들이 소리 지르되 없이 하소서 없이 하소서 그를 십자가에 못 박게 하소서 빌라도가 이르되 내가 너희 왕을 십자가에 못 박으랴 대제사장들이 대답하되 가이사 외에는 우리에게 왕이 없나이다 하니 이에 예수를 십자가에 못 박도록 그들에게 넘겨 주니라(요 19:14-16).

출애굽기 12:6에는 유월절 어린양을 해질 때에 잡으라고 했는데, 예수님 당시에는 이를 확대 해석하여 해가 지기 시작하는 정오(제육시)부터 양을 잡기 시작했다.

또한 요한복음 19:36은 십자가에서 죽으신 예수님의 뼈가 꺾이지 않았음을 시편 34:20을 인용하여 설명하는데, 이는 유월절 어린양의 뼈를 꺾지 말라는 구약의 규례도 기억나게 해준다(출 12:46; 민 9:12).

…예수와 함께 못 박힌 첫째 사람과 또 그 다른 사람의 다리를 꺾고 예수께 이르러서는 이미 죽으신 것을 보고 다리를 꺾지 아니하고…이 일이 일어난 것은 그 뼈가 하나도 꺾이지 아니하리라 한 성경을 응하게 하려 함이라(요 19:32-36)

아침까지 그것을 조금도 남겨두지 말며 그 뼈를 하나도 꺾지 말아서 유월절 모든 율례대로 지킬 것이니라(민 9:12).

고린도전서에서는 예수님께서 우리의 생명을 위해 대신 죽으신 유월절 어린양이심을 명시적으로 말한다.

…우리의 유월절 양 곧 그리스도께서 희생되셨느니라(고전 5:7).

## 2. 무교절(하그 하마초트 חַג הַמַּצּוֹת, Day of unleavened bread)
◦ 니산월(Nisan, 첫째 달) 15일부터 일주일간

무교절은 유월절 다음날부터 일주일 동안을 일컫는데, 유월절과 별개로 보기보다는 연결된 절기로 이해해야 하며, 간혹 무교절을 유월절에 포함하여 부르기도 했다(겔 45:21). 무교절(無酵節)이라는 명칭은 "누룩없는 빵들의 축제"라는 의미로서 이 기간에도 유월절과 마찬가지로 누룩 없는 빵을 먹기 때문에 이렇게 부른다. 단지 누룩을 먹지 않는 것만 아니라, 누룩을 모두 제거해야 했다(출 12:19; 13:7). 오늘날 유대인들은 유월절과 무교절을 철저히 지키기 위해 누룩이 들어있는 음식들을 철저히 제거하고 심지어 각 식품점에서는 이 기간 동안 빵과 과자의 법적 소유권을 친분이 있는 이방인에게 모두 넘겼다가 절기가 끝난 후 다시 되돌려 받기도 한다.

유대인들이 무교병을 먹는 이유는 출애굽 당시를 기억하기 위함이다. 이스라엘은 애굽에서 죽음의 재앙을 피하기 위해 하나님의 명령대로 누룩없는 빵을 먹었다(출 12:8). 죽음의 재앙이 지난 후, 급하게 애굽을 빠져나오면서 누구도 발효된 반죽을 갖지 못했고(출 12:34) 광야에서 그들은 무교병을 먹을 수밖에 없었다. 즉 애굽의 누룩은 이스라엘에게 전해지지 못했다.

신약에서 누룩의 의미는 다양한데, 천국을 비유하는 긍정적인 의미로도 사용되지만(눅 13:21), 대부분은 잘못된 교훈과 외식, 신앙공동체를 변질시키는 독소와 같은 죄로 상징되었다(마 16:12; 막 8:15; 고전 5:6; 갈 5:9). 반면, 누룩 없는 빵(무교병)은 성도들의 순전함과 진실한 상태를 의미한다(고전 5:7-8).

> 너희가 자랑하는 것이 옳지 아니하도다 적은 누룩이 온 덩어리에 퍼지는 것을 알지 못하느냐 너희는 누룩 없는 자인데 새 덩어리가 되기 위하여 묵은 누룩을 내버리라 우리의 유월절 양 곧 그리스도께서 희생되셨느니라 이러므로 우리가 명절을 지키되 묵은 누룩으로도 말고 악하고 악의에 찬 누룩으로도 말고 누룩이 없이 오직 순전함과 진실함의 떡으로 하자(고전 5:6-8).

## 3. 초실절(욤 하비쿠림 יוֹם הַבִּכּוּרִים, Day of the firstfruits)
● 무교절 후 7주(49일)후부터 일주일간

초실절(初實節)은 첫 열매의 수확을 감사하며 헌물을 드리는 절기로서 유월절(무교절), 초막절(장막절)과 함께 이스라엘의 3대 절기이다. 초실절은 맥추절(麥秋節)이라고도 부르는데, 이는 이스라엘의 첫 열매(初實)가 보리(麥)와 밀이기 때문이다.

보리와 밀을 시작으로 추수가 시작되고 올리브와 과일을 끝으로 추수를 마치게 된다. 보리와 밀의 추수를 마치고 감사하면서 초실절을 지키고, 추수가 모두 끝난 후 수확물을 저장하고 나서 수장절을 지킨다.

그러나 초실절이나 맥추절보다 더 많이 사용되는 명칭은 칠칠절(하그 샤부오트 חַג שָׁבֻעֹת, feast of weeks)이다. 이는 초실절이 무교절로부터 7주 후이기 때문에 칠칠절(七七節, 7주×7일)이라 부르며 신약에서는 이날을 오순절(五旬節, πεντηκοστή)이라고 불렀다. 즉 초실절은 맥추절, 칠칠절, 오순절이라는 다양한 이름으로 불려졌고 오늘날의 태양력으로는 대략 5~6월경에 해당된다.

초실절은 첫 열매에 대한 감사의 의미 외에도 또 다른 중요한 의미가 있는데, 유대인들은 출애굽시 시내산에서 하나님의 율법을 받은 시기를 대략 칠칠절 기간으로 해석한다. 이는 이스라엘이 유월절에 출애굽하고 한달 보름(약 45일)후에 시내산에 도착한 것에 근거한다(출 19:1).

칠칠절의 여러 의미들이 신약에서 구속 역사와 관련한 중요한 요소들로 해석된다. 먼저 오순절(칠칠절)은 구속 역사에서 보혜사 성령이 강림하신 중요한 날로서, 구약 시대에 하나님의 율법을 돌비에 주신 것과 대조적으로 신약의 성령 강림은 새 마음과 새 영으로 그 율법을 지킬 수 있게 하신 새 약속의 성취였다(렘 31:31-33; 겔 11:19; 36:26).

> …내가 이스라엘 집과 유다 집에 새 언약을 맺으리라 이 언약은 내가 그들의 조상들의 손을 잡고 애굽 땅에서 인도하여 내던 날에 맺은 것과 같지 아니할 것은…곧 내가 나의 법을 그들

의 속에 두며 그들의 마음에 기록하여 나는 그들의 하나님이 되고 그들은 내 백성이 될 것이라…(렘 31:31-33).

또한 첫 열매의 감사라는 관점에서도 초실절은 중요한 의미를 지닌다. 한 알의 밀알로 썩어지셨던 예수님의 희생이 오순절 성령 강림을 시작으로 본격적인 추수로 연결된다. 성령 강림 직후 베드로의 설교를 통해 3,000명의 열매가 거둬졌으며(행 2장) 이 추수는 오늘날도 계속 진행되고 있다.

## 4. 나팔절(욤 테루아 יוֹם תְּרוּעָה, Day to blow the trumphet)
  ● 티쉬리월(Tishri, 일곱째 달) 1일

나팔절은 유대력 일곱째 달인 티쉬리월의 첫날로서 오늘날 태양력으로 9~10월경에 해당된다. 이날에는 성회를 열고 나팔을 불어서 기념하는데(레 23:24; 민 29:1), 특이하게 이스라엘은 일곱째 날을 국가 행정적 신년(新年)으로 지키며 로쉬 하샤나

(רֹאשׁ הַשָּׁנָה, 해의 시작)라고 부른다. 우리나라도 한해의 시작은 특별하기 마련인데, 이스라엘에서도 나팔을 불면서 시작된 신년 첫날에는 여러 제사들이 드려진다. 나팔절에 드려야 할 여러 제사들과 더불어 속죄제가 드려지고, 나팔절이 월삭과 중첩되기에 월삭에 해당하는 번제와 소제, 매일 드리는 상번제까지 여러 제사가 시행된다(민 29:2-6).

> 이스라엘 자손에게 말하여 이르라 일곱째 달 곧 그 달 첫 날은 너희에게 쉬는 날이 될지니 이는 나팔을 불어 기념할 날이요 성회라(레 23:24).

이날에는 양의 뿔로 만든 양각나팔(쇼파르, שׁוֹפָר)을 불어서 백성들을 소집한다. 그리고 속죄일(욤 키푸르, יוֹם הַכִּפֻּרִים)까지 열흘 동안 "경외의 날들"(Days of awe)이라고 하여 이스라엘 백성들은 회개의 시간을 갖게 된다. 이 기간에 유대인들은 한해 동안 이웃에게 범한 잘못을 사과하고 관계를 회복하는 노력을 한다.

## 5. 속죄일(욤 키푸르 יוֹם הַכִּפֻּרִים, Day of atonement)
◦ 티쉬리월(Tishri, 일곱째 달) 10일

…일곱째 달 곧 그 달 십일에 너희는 스스로 괴롭게 하고 아무 일도 하지 말되 본토인이든지 너희 중에 거류하는 거류민이든지 그리하라 이 날에 너희를 위하여 속죄하여 너희를 정결하게 하리니 너희의 모든 죄에서 너희가 여호와 앞에 정결하리라 이는 너희에게 안식일 중의 안식일인즉 너희는 스스로 괴롭게 할지니 영원히 지킬 규례라(레 16:29-31).

새해가 시작 나팔절이 있은 후 10일이 지나면 속죄일이 되는데 이날은 백성들에게 공식적으로 금식이 선포되고 대제사장은 세마포(베옷)를 입고 자신과 이스라엘 민족을 위해 지성소의 제사를 드리는 유일한 날이다(레 16장). 이때 백성들은 금식하면서 하나님의 거룩하심과 자신들의 죄악을 생각하였다(레 23:26-32).

이날은 이스라엘의 속죄를 위해 두마리의 염소로 행해지는 특이한 예식이 있는데, 한 마리는 하나님께 속죄 제사로 드려졌고, 한 마리는 대제사장이 안수하여 백성들의 죄를 염소에게 전가한 후 아사셀을 위한 광야로 보내졌다.

속죄일은 그 백성들의 모든 죄를 대신 담당하시고 속죄하신 예수님의 십자가에서 완성되었다. 히브리서는 구약의 속죄와 예수님의 속죄를 대조해서 설명하는데, 구약의 대제사장은 자신도 죄인이기에 백성들의 속죄보다 먼저 자신을 위한 속죄의 절차가 필요했고, 자신의 피가 아닌 다른 것의 피(짐승의 피)를 가지고 속죄했으나 무흠하신 예수님은 온전하신 자신의 피로 단번에 죄를 없이 하셨다(히 9:25-26).

> 대제사장이 해마다 다른 것의 피로써 성소에 들어가는 것 같이 자주 자기를 드리려고 아니하실지니…자기를 단번에 제물로 드려 죄를 없이 하시려고 세상 끝에 나타나셨느니라(히 9: 25-26)

또한 십자가는 속죄일에 대제사장만 들어가던 지성소의 휘장을 찢어, 모든 성도에게 하나님께 가는 길을 열어주셨다.

## 6. 초막절(하수코트 הַסֻּכּוֹת, Feast of tabernacles)
◐ 티쉬리월(Tishri, 일곱째 달) 15일부터 7일간

한국 성도들에게 초막절(草幕節)은 발음상의 이유로 초실절과 자주 혼동된다. 그래서인지 공동번역과 표준새번역, 우리말 성경에서는 부분적으로(신 16:13, 16; 31:10; 대하 8:13; 스 3:4; 슥 14:16, 18, 19; 요 7:2) 장막절로 번역하기도 했다.

초막절은 유월절(무교절), 초실절(칠칠절)과 함께 이스라엘의 3대 절기로서 7일간 지속되었으며 첫날과 끝날은 성회로 지켰고, 기간 동안 이스라엘 백성들은 초막에서 지내며 한해의 풍성한 추수를 감사하고 나누며 즐거워했다.

특별히 한해의 추수 감사라는 의미와 연결해서는 수장절(收藏節)이라 부르기도 했는데(출 23:16; 34:22), 이는 초실절에 보리 수확으로 시작된 추수가 포도 올리브 등 과일 추수로 마무리 되고 수확물을 창고에 저장을 한다는 데서 붙여진 이름이다.

너희 타작 마당과 포도주 틀의 소출을 거두어 들인 후에 이레 동안 초막절을 지킬 것이요 절기를 지킬 때에는 너와 네 자녀와 노비와 네 성중에 거주하는 레위인과 객과 고아와 과부가 함께 즐거워하되 네 하나님 여호와께서 택하신 곳에서 너는 이레 동안 네 하나님 여호와 앞에서 절기를 지키고 네 하나님 여호와께서 네 모든 소출과 네 손으로 행한 모든 일에 복 주실 것이니 너는 온전히 즐거워할지니라(신 16:13-15).

이 기간에는 임시 거처인 초막을 짓고 그곳에서 생활해야 하는데 이는 광야기간 동안 이스라엘이 장막에 거주했던 것을 기념하는 것이다. 그런데 광야의 장막을 기념하면서 만들어진 초막의 재료를 보면 특이한 부분이 있다.

첫 날에는 너희가 아름다운 나무 실과와 종려나무 가지와 무성한 나무 가지와 시내 버들을 취하여 너희의 하나님 여호와 앞에서 이레 동안 즐거워할 것이라…이레 동안 초막에 거주하되 이스라엘에서 난 자는 다 초막에 거주할지니(레 23:40-42).

…너희는 산에 가서 감람나무 가지와 들 감람나무 가지와 화석류나무 가지와 종려나무 가지와 기타 무성한 나무 가지를 취하여 기록한 바를 따라 초막을 지으라 하라 하였는지라(느 8:15).

가나안 땅에 정착한 이스라엘이 지키는 초막절의 초막은 각종 과일 나무와 잎이 풍성한 아름다운 나무들로 만들어진 초막이며 이는 가나안 땅의 풍요를 상징한다. 동시에 이 초막은 거처할 곳 없이 떠돌던 흙빛 광야의 황량한 장막을 상징하기도 한다. 즉, 과거의 황량함과 현재의 풍요함이 중첩되어 있는 곳이 바로 초막절의 초막이다.

초막절(수장절)은 성도들의 구원이 완성되고 모든 알곡이 창고에 모아 들여지는 그날을 기대하게 한다. 그때에 교회는 즐거움과 풍요의 초막절을 지키게 될 것이다. 또한 황량함의 텐트가 풍요로운 텐트로 바뀌었던 것처럼, 교회가 현재 예수의 이름으로 당하는 아픔과 고통과 억울함도 기쁨과 환희와 감격의 보석으로 바뀔 것이다.

- CLC 편집부 제공

# 쉽게 설명한 교회절기

Important Days to Celebrate in the Christian Church

2010년 12월 10일 초판 발행

**지은이** | 최진호

**펴낸곳** | 사) 기독교문서선교회
**등록** | 제16~25호(1980. 1. 18)
**주소** | 서울시 서초구 방배동 983-2
**전화** | 02) 586-8761~3(본사)  031) 923-8762~3(영업부)
**팩스** | 02) 523-0131(본사)  031) 923-8761(영업부)
**홈페이지** | www.clcbook.com
**이메일** | clckor@gmail.com
**온라인** | 국민은행 043-01-0379-646, 기업은행 073-000308-04-020
　　　　　예금주: 사)기독교문서선교회

ISBN 978-89-341-1114-6 (03230)

* 낙장 · 파본은 교환해 드립니다.